教学管理改革
与模式构建探索

何亚萍◎著

时代文艺出版社
TIMES LITERATURE AND ART PUBLISHING HOUSE

图书在版编目（CIP）数据

教学管理改革与模式构建探索 / 何亚萍著. -- 长春:
时代文艺出版社, 2023.12
    ISBN 978-7-5387-7448-1

    Ⅰ.①教… Ⅱ.①何… Ⅲ.①高等学校－教学管理－
教育改革－研究－中国 Ⅳ.①G649.21

    中国国家版本馆CIP数据核字(2024)第021887号

教学管理改革与模式构建探索
JIAOXUE GUANLI GAIGE YU MOSHI GOUJIAN TANSUO

何亚萍 著

出 品 人：吴　刚
责任编辑：陆　风
装帧设计：钱金华
排版制作：钱金华

出版发行：时代文艺出版社
地　　址：长春市福祉大路5788号　龙腾国际大厦A座15层（130118）
电　　话：0431-81629751（总编办）　　0431-81629755（发行部）
网　　址：weibo.com/tlapress（官方微博）
开　　本：787mm×1092mm　1/16
字　　数：140千字
印　　张：8.75
印　　刷：廊坊市海涛印刷有限公司
版　　次：2023年12月第1版
印　　次：2023年12月第1次印刷
定　　价：79.00元

作者简介

何亚萍,1985年出生,女,汉族,西安长安人,副教授,中共党员,主要研究中学化学教学和电分析化学。2008年,于宝鸡文理学院获得理学学士学位;2013年,于西北大学分析科学研究所获得博士学位;2020年,北京大学访问学者。现就职于西安文理学院化学工程学院。共发表学术论文三十余篇,SCI论文十余篇,申请国家发明专利三项。获得第五届西安青年科技人才奖和2018年陕西省青年科技新星等称号。

前　言

　　进入21世纪以来,随着改革的日益深入和我国经济社会的不断发展,我国高等教育的宏观背景和微观环境已发生了重大变化,培养具有创新精神和实践能力的人才成为社会对高等教育教学的必然要求。教育教学管理作为高校管理体系中的一个重要环节,是高等学校各项管理工作的核心,也是高校人才培养质量的重要保障。但随着我国高校规模的不断扩大,高校教学管理的缺陷也日益显现,因此,在新形势下必须加强高校教学管理建设,发挥教学管理工作在高校教学管理中的主导地位。深入开展高校教育教学管理实践与创新发展研究,剖析新形势下高校教学管理建设的重要意义及存在的主要问题,努力探寻解决相关问题的有效途径和方法,对促进高校教育教学管理工作健康、持续、良性发展有着十分重要的现实意义。高校的教学重点是教书育人、培养人才,科学合理的教学管理有利于推动高校教学改革以及创新型人才培养计划的发展。高校教学管理改革对提高高校教学改革有积极的促进作用,高校为了提高教学质量必须在教学管理方面进行实践探究。

　　教育是一个民族的未来,是一个国家真正希望之所在。目前,高校教学模式构建是培养规模宏大、结构合理、素质优良的创新型人才的重中之重。本书对原有模式进行分析后,构建出新型教学模式。这种新的教学模式可以给学生提供良好的学术氛围,能更有效地提高专业创新实践能力人才的培养。而随着学科知识的不断发展和创新,各种教学方法和教学模式不断在课堂教学中进行摸索和尝试。如何充分利用各种教学资源摸索出适合自己的教学模式,以充分调动学生学习的主动性,激发学生的学习乐趣,从而提高学生的学习效果,是教师教学中不断探索的一个重要问题。

本书通过大量的理论研究，调查访问、教学实验，以及综合了国内外的前沿成果资料，深刻地分析和研究了我国高等教育的基本情况、存在的问题；探索了我国高等教育的发展方向和基本模式，并力求突出特色和特点。在我国社会转型的新时期，在教育理论的研究方面，我们抓住高校教育这一重要领域，并以课程改革为切入点，探索并力图展现具有中国特色的普通高校教育课程理论。本专著展现了新时代、新思潮下的高校教育发展理念、改革理念和管理理念；展现了高校教育以需求为导向的发展思路；展现了构建高校教育模式的一般过程和基本理论；展现了高校体育课程评价的基本规律。上述理论的构建是高校经验的归纳与提升，它将成为进一步推进我国普通高校教育教学课程改革的先导。

目 录

第一章 教学管理与教学模式概述 ·· 001

第一节 教学管理的含义 ·· 001

第二节 教学管理的内容、目标与原则 ·································· 003

第三节 教学管理与教学建设、教学改革 ······························ 007

第四节 教学模式的内涵及其与教学改革的内在关联 ···············010

第二章 高校教学管理改革创新理念 ·· 020

第一节 坚持创新理念 ·· 021

第二节 把握职能定位 ·· 026

第三节 构建权力结构 ·· 030

第四节 健全机构设置 ·· 034

第五节 保障运行机制 ·· 036

第三章 高校教学管理的信息化改革研究 ······································ 043

第一节 高校信息化教学概述 ·· 043

第二节 高校信息化教学设计 ·· 045

第三节 高校信息化教学技术与方法的运用 ·························· 049

第四节 高校教学管理信息化的发展 ·································· 055

第四章 基于高校教学改革的学生创新能力培养研究——以化学为例 ···058

第一节 教学中学生创新能力培养的理论基础 ······················ 058

第二节 高校教学中学生创新能力培养的调查 ······················ 068

第三节 基于高校教学改革的学生创新能力培养实践 ·············· 077

第五章 基于教学管理改革的教学模式构建研究——以化学为例 ········ 089

第一节 "导学互动"教学模式构建 ·································· 089

第二节 翻转课堂教学模式构建 ······································ 098

第三节 任务驱动教学模式构建 ······································ 102

第六章 现代教育与教学管理模式下教师的发展研究 ···················110

　第一节 现代教师专业发展途径 ······························110

　第二节 现代教师信息技术应用能力与建设政策 ·······115

　第三节 现代教师专业发展技术支持 ······················120

　第四节 现代教师专业发展评价 ······························123

参考文献 ···129

第一章 教学管理与教学模式概述

　　教学管理是高等学校教育工作的一项重要内容,是学校管理活动的一个重要方面。作为维系学校教学工作正常运转的枢纽,教学管理工作的优劣和水平高低直接关系到学校的教学质量和人才培养质量。本章对教学管理的含义、内容、目标和原则,以及教学管理与教学建设、教学改革的关系等进行综合论述,以期对教学管理有一个比较全面客观的认识。

第一节 教学管理的含义

一、教学管理的重要性

　　高等学校的工作以教学和培养人才为中心,教学工作是经常性的中心工作。因此,高等学校的管理工作,应当以教学管理工作为中心。教学管理直接服务于教学和人才培养工作,应该在高等学校管理中处于极其重要而突出的地位,这都是由高等教育的功能和性质所决定的。

二、教学管理的创新性

　　高等教育的根本任务是培养具有创新精神和实践能力的高级专门人才。因此,教学管理工作必须适应培养创新人才和素质教育的要求,大力推进教学管理创新。尤其在科学技术迅猛发展,社会进步日益加快,高等教育教学改革不断深入的今天,新情况、新问题不断出现,高校教学管理工作不再是一种简单的适应性工作,而是一种不断解决新问题的创新性工作。不断增强现代管理意识,更新教学管理理念,转变教学管理思想,改进教学管理方法和手段,显得尤为迫切。要积极推进教学管理制度改革,建立符合我国国情和各高校实际的教学管理制度。要以教学管理创新带动和促进教学方法、人才培养模式等方面的创新,调动各种类型学生学习的积极性、主动性,为学生综合素质提高和特长发展提供机会,从而培养和造就具有创新精神的优秀人才。[①]

三、教学管理的系统性

教学管理的本质是在高等学校这一多层次多因素的复杂系统中,以教学子系统为研究管理对象,组织和运用学校的各种教育资源,科学安排教学过程,实现教育资源的最佳配置,获得教学工作的最佳效益。

有效的管理来自有效的组织。教学管理组织功能的有效发挥,需要管理体制和组织结构的合理优化。一方面,应建立一个科学的、完整的教学管理系统,形成全面的教学质量管理体系和运行机制。其中包括:由学校、院(系)、教研室形成的以服务于教学、教师和学生,侧重过程管理的纵向系列;由教务、科研、学生、人事、政工、后勤等形成的侧重于目标管理的横向系列。两者处于完全协调一致的工作状态,共同完成教学工作目标。另一方面,要建立起高效、灵活运转并能创造性工作的教学管理系统,必须要加强教学管理队伍建设,建立一支专兼结合、素质较高、相对稳定的教学管理干部队伍,形成教学管理的核心力量。

有效的教学管理需要良好的支持保障系统。高等学校教学管理支持保障系统包括图书保障系统,后勤服务系统,卫生保健系统,等等。高等学校各个部门,都要以培养社会主义事业需要的合格人才为中心,认真落实"教书育人,服务育人,管理育人"。各部门岗位的职责必须明确,相互之间协调配合,形成教学管理的合力。

四、教学管理的科学性

教学管理科学,是在教育科学、管理科学、系统科学及其他有关学科基础上形成的理论和方法体系。教学管理并不仅仅是一般的行政管理,而是兼有学术管理和行政管理双重功能的一门科学,是一门需要长期学习和实践才能掌握的学问。可以说,教学管理是一门研究教学管理的本质、思想、内容、方法、特点及规律的学科,它以教学为中心,以高水平教学质量为目标,以科学管理为主线,研究探索教学组织管理的客观规律与内在联系。面临高等教育的深刻改革,高

---

① 杜娟.高职院校学分制教学模式下教学管理现状及对策[J].山东商业职业技术学院学报,2021,21(02):36-40.

等学校的教学管理任务十分艰巨。没有一支过硬的教学管理队伍，就不可能有一流的教学水平和教学质量。教学管理人员要掌握高等教育学、心理学、管理学等科学理论知识，掌握高等教育规律，不断从工作实践中积累经验，根据新形势的变化和本学校的实际，创造性地开展工作。高校的主要领导干部应学习教育理论，研究教育思想，懂得教育规律，熟悉教学管理，努力成为教育家。

注重教学及管理研究，是教学管理上水平的关键所在。搞好教学管理是一个长期建设和积累的过程，能够完成日常教学管理，保证教学的基本正常运行，只是第一层次的工作，标志着它已经有了一个良好的工作基础和教学环境。但是，要提高学校的教学管理水平，就必须认真开展教育教学研究，包括教学管理研究。高等学校发展的历史和近几年学校开展教学工作评价所提供的事实，都充分证明了这一点。

概括地说，高校教学管理工作，在研究教学及其管理规律的基础上，既要行使行政管理职能，保证和服务于教学工作，更要行使学术管理职能，规划、设计、组织好教学工作。主要体现在三方面：优化教学资源配置，提高教学效率和效益；建立稳定的教学秩序，保证教学工作的稳定正常运行；研究并组织实施教学改革，努力调动师生教与学的积极性。通过严格、规范、科学的教学管理工作，全面提高教育教学质量。向管理要质量，向管理要效益，这是教育教学改革的重要任务，更是教学管理的应有之义。

第二节　教学管理的内容、目标与原则

一、教学管理的主要内容

教学管理是一个有机统一的整体。从不同视角看，可以有不同的内容体系框架。从教学管理工作体系分类，可概括为四项基本管理：教学计划管理、教学运行管理、教学质量管理与评价、教学基本建设管理。

教学计划管理是教学管理工作的纲，其核心是精心设计人才培养蓝图。教学计划管理的主要任务，就是组织各专业教学计划的编制、修订和执行，在此过程中，必须充分发挥行政和专家两方面的作用。

教学运行管理是围绕教学计划的实施所进行的教学过程及相关辅助工作的组织管理,是保证教学工作稳定运行、维持教学工作秩序的最主要的教学管理工作。

教学质量管理是教学管理最根本最重要的任务,是教学管理的出发点和落脚点。教学管理职能部门和各级教学管理人员,必须将控制和提高教学质量作为经常性的管理工作来抓,使教学质量管理贯穿于教学管理的全过程。其中,转变教育思想,增强质量意识是搞好教学质量管理的前提条件;研究建立适合校情的教学质量监控体系,以及科学的、抓住核心的,可操作的质量管理模式,是教学质量管理的关键。

教学基本建设管理是教学管理的基本内容之一,包括学科专业、课程、教材、实践教学基地、学风、教学队伍、教学管理制度等七项基本建设,这些都是直接服务于教学工作的基础建设,是形成稳定、良好的教学环境和条件,保证教学质量的基础性工作。

上述四项管理工作,从教学管理的高度和层次来说,又可分为程序化内容、常规性工作内容、中心内容和专项内容。

程序化内容,是指每个学期、每个学年相同的管理工作内容,由开学教学准备、期中教学检查、期末教学总结三大环节构成。教学管理工作可以此为主线制定工作程序,将教学管理工作内容程序化。

常规性工作内容,是指教学管理最基本的日常要做的工作。主要有教学的组织和检查、教师教学管理学生学籍与成绩管理等。这些是教学管理中内容最多而又复杂的工作。既然是常规性工作,每天的工作就可先从这些内容开始,及时规范,不断总结。

中心内容,就是要把好教学质量关。只有抓好计划、实施检查、总结四个重要环节,才能做好教学管理工作,使教学机制良性运转,教学质量得到保证。

专项内容,是指教学计划管理,专业、课程、教材建设管理,教学设备管理,等等。

二、教学管理的目标

高校教学管理工作的总体目标,从根本上说,就是全面提高教学质量和办学效益。在具体工作实践中,要着眼于整体提高教学工作效率,大面积提高学生的综合素质。

学校以教学为主,教学管理就是对学校教学进行有目的、有计划地组织和管理的活动。教学管理人员应按照党的教育方针,运用各种管理手段,通过组织、指挥,协调教学有关部门和人员的活动,创造远远超过单个部门或人员力量的集体合力,以便高质量高效率地完成各种教学任务,实现国家规定的教育目标。

教学管理既服务于教学,又指挥教学。其服务的功能表现在,通过合理分配教师力量、合理安排教学活动时间、提供和满足教学活动所需要的物质条件等,保证教学的顺利进行。其指挥教学的功能表现在对整个教学活动的组织、调度、督促、检查、评估等方面。由此可见,教学管理是维系学校教学工作正常运转的枢纽,教学管理工作的优劣从根本上决定了学校的教学质量和学生的身心发展水平。

教学管理的基本任务,在于遵循教育教学规律,通过对培养、改革建设、管理的系统规划,借助一定的管理手段,对全部教学活动在动态演进中达到既定教育教学目标的管理。[①]同时,发挥管理的协调本质作用,调动各方面的积极性,保证整个培养过程各阶段教学任务的完成。

一所学校教学管理的优劣,最终的检验标准还是要看学生培养的质量,特别是在社会政治生活、国民经济建设中毕业生所起的作用。高校之间的竞争,最重要的是人才素质的竞争。所以,高校的教学管理,要有宏观战略上的考虑,应把高校工作的总目标放在提高学生的综合素质上,不能纠缠于日常大量繁杂的事务性工作。要从提高大多数学生的综合素质这个目标来思考和研究教学管理改革中的一些全局性问题。

通过教学管理改革,着力解决当前专业设置、教学计划、课程结构等方面的矛盾,克服人才培养中"过窄的专业教育,过重的课业负担,过强的个性制约,过弱的人文陶冶"的问题。加强综合素质教育方面的研究,采取有效的措施,全面提高学生的思想、业务、文化、身心素质,尤其是创新思维能力实践能

---

① 高原,花书贵.教学评估背景下的二级学院本科教学管理模式研究[J].智库时代,2018(41):175–176.

力、非智力优良素质的培养。应以全面推进素质教育作为高校教学管理的出发点和归结点,教学目标、教学内容、教学评估等都应围绕提高学生综合素质来确定和进行;教学管理应注重学生的能力培养和个性发展,注重因材施教,鼓励学生创新。只有学生大面积综合素质的提高,才能培养出更多高质量、复合型的创新人才。这正是教学管理所追求的目标,也是当前教学管理的难点所在。

三、教学管理的原则

(一)方向性原则

必须坚持党的领导,坚持以马克思列宁主义、毛泽东思想、邓小平理论、"三个代表"重要思想、科学发展观、习近平新时代中国特色社会主义思想为指导,端正教育思想,全面落实党的教育方针,坚持贯彻"三个面向"的原则。

(二)民主性原则

教学管理人员要充分发扬民主作风,调动全体教师的积极性、主动性和创造性,共同参与教学管理工作;要尊重教师,尊重教师的劳动成果,为教师提供发表意见和建议的机会。同时,要积极引导学生参与教学管理活动,在教学管理中培养他们的自治自理能力,真正发挥好教学工作中教师的主导作用和学生的主体作用,体现教育以人为本、以教育为本的高校管理理念。

(三)科学性原则

必须以科学理论为指导,遵循教育、教学和管理的客观规律,以科学的态度研究处理教学管理中的问题,并善于运用现代科学技术和手段管理学校的教学工作。

(四)教育性原则

教学管理中要对教师提出两点基本要求,一是教师应以身作则,为人师表;二是教师在教学中既要重视知识传授,又要重视学生的思想品德教育。

(五)整体性原则

以系统理论和现代管理理论为指导,建立合理的教学管理系统结构,坚持以教学为主,全面安排,分清管理层次,明确管理权限和职责。

(六)规范性原则

建立良好的校风(领导的作风,教师的教风,学生的学风),建立和健全各项教学管理规章制度,明确各教学环节的教学质量要求和比较科学的衡量标准,使教学管理工作制度化、规范化、科学化。

(七)程序性原则

教学管理要抓住主要环节,实行程序控制、阶段把关、全过程管理,做到管理工作的程序化;教学管理必须讲究效率和效果,把定量管理和定性管理结合起来。

(八)主体性原则

教学管理部门和教学管理人员是教学管理的主体,教学管理队伍自身素质的高低,直接决定了教学管理的效果。因此,教学管理人员要加强业务知识的学习和自身修养的提高,具备教育学、心理学、管理学的基本知识,熟悉教育法律法规,依法办事,科学管理,并善于将管理与服务有机地统一起来。

第三节 教学管理与教学建设、教学改革

高校教学工作主要由教学管理、教学建设、教学改革三部分组成。搞好教学工作,必须扎扎实实地进行教学建设,积极稳妥地推进教学改革,严格规范的实施教学管理,并把三者有机地结合起来,相互协调,互为促进,才能提高教学质量。教学实践已经证明,严格教学管理是保障教学质量的前提,加强教学建设是保证教学质量的基础,深化教学改革是提高教学质量的关键。

教学管理作为一种重要的管理活动,要有一定的条件保障,必须具备许多基础性的软件、硬件条件支持。教学管理也不是一项孤立的管理活动,只有相关部门相互支持与合作,才能保证教学工作的顺利进行。教学建设包括专业学科建设、课程建设和教材建设、师资队伍和管理队伍建设学风建设、基地建设、教学规章制度建设等基础建设,是影响人才培养质量和学校发展的重要因素。在每项基本建设中,要不断提出改进措施,以改革推动建设,改革与建设之中相辅相成、共同提高。教学管理部门的主要精力也应该投入到教学基础建设之中,长期不懈、扎扎实实地抓下去,为教学改革和教学管理奠定扎实的基础。

教学改革是高校教学工作提升水平的助推器。21世纪之初,教学改革的中心课题应该是人才培养模式及相应的课程结构改革。人才培养模式改革需要解决好几个方面的问题:要注重宏观思维能力,创新能力的培养;更新专业教育的理念,专业面要拓宽,实行宽口径的专业教育,把过去单一的专业化教学体系,改变为兼容专业、人文、社科、经济、管理等内容的综合教学体系,培养复合型人才;加强学生综合素质的培养,提高学生终身学习能力和良好的社会适应能力。人才培养模式改革的落脚点是课程改革,调整课程结构性矛盾要处理好几个关系:微观与宏观的关系,改变目前课堂教学中过于微观、细节的知识,而宏观思维能力训练很少的局面,加强宏观思维能力训练;局部与整体的关系,改变课程结构,精简课程门类和课时,以课程结构的整体优化指导每门课程的局部优化,并把教材体系与教师讲授体系分开;专业与非专业的关系,要注意引导学生关注"非专业"内容的学习;传统与现代的关系,改变"知识继承型"和"单向输送型"的传统方法,采用现代教育技术,提倡学生参与式教学,注重实践、创新能力的培养,使学生能够适应社会经济发展的新形势。

特别值得关注的是,本科教育教学制度的改革,即由学年制向学分制教学制度的转变。这是高校教学制度改革的重头戏,也是我国高等教育与世界高等教育接轨的需要。由此必将带来高校教学管理制度的重大变革。①

学年制是现在一些发展中国家仍在采用的一种教学管理制度。我国从中华人民共和国成立开始到20世纪80年代一直实行这种制度。它是通过一定的教学计划,在规定年限(学制)内,学生学完规定的课程及其教学环节,达到预期的人才培养目标和基本规格。学年制教学模式单一,要求统一的教学计划。其优点是整齐划一,便于管理,其不足之处是按同一模式培养人才,规格单一,知识面窄缺乏弹性,不利于学科的交叉渗透,不利于推进素质教育和全面贯彻因材施教的教学原则。

相对而言,学分制(又称学分积累制)是以学分作为计算学生学习分量的单位,以取得必要的最低学分为毕业标准。学分制的内涵很简单,但实施学

① 卢言红,钱宇光,金天明.对高校学分制教学管理体制改革的研究[J].天津农学院学报,2021,28(03):110–112.

分制涉及一系列管理制度,即使在学分制的发源地并已经实施了一百多年的美国,目前仍在探讨、发展和完善它。学分制将教学计划规定的课程及其教学环节以学分的形式进行量化,学生的学习不受学习年限的限制,以完成一定范围内规定的学分量为手段,达到预期人才培养的目标和基本规格。学分制实行"弹性"的教学计划。能够在一定范围内兼容各种规格人才的培养;这种教学制度能够实现跨学科(专业)的教学,从而培养出具有宽厚的学科基础和较强研究开发能力的人才,以适应科学技术综合,渗透、交叉发展的需要。教学制度灵活,能较好地贯彻因材施教的原则,有利于优秀人才脱颖而出。学分制的核心是选修课,主要表现形式是学生自主选择专业、自主选择课程、自主选择教师、自主选择学习进程和学习方式。由于这种教学制度计划性差,教学管理相对学年制,学习制度要复杂得多。

但是,学分制是新世纪高等教育发展的潮流与趋势。我国在这方面也进行了若干年的探索和尝试,试图建立一种既保留学年制计划性的优点,又吸收学分制教学灵活的特点,具有中国特色本科教育的教学制度。但这种探索步履蹒跚,进展缓慢,且还很不成熟。

学分制的通识教育思想,文理渗透、基础宽厚、注重能力的人才培养模式,推进素质教育、贯彻因材施教的原则,以及鼓励学生个性发展和创造性的发挥,利于优秀学生脱颖而出的教育环境,正是教育教学改革的方向和目标,大势所趋,别无选择。

从教学管理角度讲,推进学分制必须采取以下四种措施:

第一,要更新教学管理理念。学分制教学制度有利于学生个性发展,实现多元化的人才培养目标。但是,个性化的培养方案对学生认定与统计、学籍管理、教学的组织等方面增加了很大难度。因此,要树立"育人为本""以学生为中心"的思想,转变管理理念,主动为学生服务。

第二,加快教育教学改革。建立与学分制相适应的人才培养模式,构建"宽口径、厚基础强能力、个性化"的课程结构体系,改革教学内容和教学方法,压缩学分和学时,形成有利于学生快速成长和全面发展的教学管理制度。

第三,加强教学管理现代化建设。学分制的核心是选修课,推进学分制建设就是要推进选课制度的改革,而灵活的选课制度必须建立"以计算机和网络为中心"的现代化教学管理系统。

第四,优化配置教学资源。实行学分制,不仅要求学校学科比较齐全,师资力量雄厚,生源质量好,而且要求有较好的教学设施条件。特别是教室,实验室、图书资料等资源应比较丰富、充足。我国高校近年来发展很快,国家投入较大,但是由于连续几年的扩招,学生规模迅速扩大,学校的教学资源普遍比较紧张。在此情况下,必须进行教学管理创新,实施科学管理,教室、实验室、图书馆应全天候向全校开放,实现教育资源的高度共享;大力发展现代信息教育技术,特别是网络技术和多媒体技术推行网络教学,建立共享的教学平台,提高教学资源的利用效率。

总之,进入新世纪,面对经济全球化进程明显加快,科技进步日新月异,综合国力竞争日益激烈的新形势,面对国家经济社会的发展和科教兴国战略的实施,大力提高高等学校的办学水平和教学质量,已经成为时代的主题,成为新世纪高等教育改革和发展的迫切任务。在我国高等教育走向国际化、大众化、信息化时代背景下,从提高我国高等教育国际竞争力的战略高度出发,必须把教学质量视为高等学校的生命线,牢固树立质量意识、品牌和特色意识、市场意识、创新意识和素质意识。教学管理工作必须与时俱进,适应高等教育改革的新形势,不断研究新情况,发现新问题,解决新矛盾。要创造性地开展工作,按照"发展要有新思路,改革要有新突破,开放要有新局面,各项工作要有新举措"的要求,大力进行教学管理创新,重点是在教学管理思想观念、机制和制度上,要打破传统落后的思想和模式,拓展教学管理改革的新思路,建立新的教学管理机制和制度,探索新的管理方法和手段,开创我国高等学校教学管理的新局面。

第四节 教学模式的内涵及其与教学改革的内在关联

一、教学模式的内涵研究

"教学模式"尽管早已存在,但从理论研究角度来看,美国的乔伊斯和韦尔是最早把"模式"一词引入教学领域的教育家。但是乔伊斯和韦尔也没有对教学模式进行明确的定义,他们只是通过学习模式来说明教学模式。读者只有研读完其列举的数种教学模式,才能知道乔伊斯他们眼中的"教学模式"是指构成课程和作业、选择教材、提示教师活动的一种范式或计划。显然,要完全地、恰如其分地定义"教学模式"并不是一件容易的事,它是一种具体的、然而可能又有很大差异的活动流程概括,它又是所有活动参与者之间、活动要素之间以及参与者与活动要素之间的有机结合。

(一)教学模式的结构特征

教学模式尽管难以定义,但总具有一些共性特征。在教学实践中,一代一代教育教学工作者摸索出了很多教学规律,也提出了很多的"教学模式"。在不同的历史时期、不同的学科、不同的授课对象、不同层次的教学过程中,很多人总结出了一些有意义的"教学模式",但是研究人员发现其实这些模式的本质特征是一样的。乔伊斯等在1980年总结了过去的教学模式,发现最多可概括为二十三种。一般来说,教学模式通常包括五个因素,我们称为教学模式的"五因素结构"。

1.教学目标

不同的教育观往往有不同的教学模式。中国的教育观、美国的教育观差异很大,因此两国的教学模式截然不同。而且不同的历史阶段,教育观也不同,所采用的教学模式也不一样。在中华人民共和国成立前、成立后,以及当前大力发展市场经济的今天,教学模式的选择存在明显的差异。教学模式的选择受制于教育观,而教育观的发展总是与一定时期的政治、经济与文化的发展息息相关。实际上,教学目标远比教育观来得具体,体现在每个学科、每门课程的教学过程中。因此,学科差异、课程差异,导致教学模式的选择差异。

教师选择一定的教学模式以适应其教学过程,确保教学目标的实现。因此,任何实际的课程教学,其教学模式都指向和完成一定的教学目标。在教学模式的结构中教学目标处于核心地位,是教学评价的标准和尺度,所有资源的配置、活动的流程都围绕教学目标的实现。教学目标对构成教学模式的其他因素起着制约作用。理论上,教学模式的选择必须与教学目标的实现相匹配,即实现两者的内在统一。

2.理论依据

教师对学生的认知规律、心理变化过程以及教师的传授知识特征的认识程度,决定着其对教学模式的态度。不可否认的是,即便是专家,对这些领域的认识还是相当有限,尤其学生的情绪与心理动机等方面,而这些成果的取得往往影响着教育教学方式方法的使用,影响着实际的教学行为和过程。现代多种多样的教学模式可以说是科学与技术快速发展的产物,而且一些模式包括多媒体教学模式只是在近50年的科技高速发展中提出来的。

因此,教学模式是"一定的教育教学理论或教育教学思想的反映,是一定理论指导下的教学行为规范",如教育学、心理学、信息学、社会学等学科中的一些基本理论的应用,直接影响着教学模式的形成、完善与发展。例如,"灌输式教学模式(传递—接受式)",其基本支撑理论是行为心理学,尤其受斯金纳操作性条件反射的训练心理学的影响。教学工作者认为只要通过"联系—反馈—强化",反复循环,就可以控制学习者的行为,就可达到预定的学习目标。又如,认知心理学的发展与应用,产生了所谓的认知信息加工理论,而"建构"则是其中一个最有分量的概念,形成了所谓的"建构主义",它为研究学生的知识获取与教师的传授知识提供了新的理论基础,是"概念获得模式"的理论基础。它强调学习是认知结构的组织与重组。[①]

3.操作程序

在每一堂课的教学过程中,都包含有特定的教学对象、教学内容、教学工具以及其他教学资源、时间资源,教师必须有序组织这些资源,包括有限的时间资源,才能实现一定的教学目标,完成一定的教学任务。这个过程,我们称为"操作程序"。

每一种教学模式都会形成其特定的逻辑步骤,构成其操作程序,每个步骤要达到的子目标或者说掌握的知识可能会构成前后条件。因此,这种步骤序列的程序化可促进教学目标的有效实现。从整体上来看,教师是整个活动的策划者、组织者或实施者,课堂教学是教师为了完成一定的教学目标而实施的一系列操作。所有的教学模式之间的差异,最具体的表现就是操作程序上的不同。有的操作步骤严格明显,有的操作步骤相对模糊,有的操作步骤

①王竹立.新建构主义:网络时代的学习理论[J].远程教育杂志,2011,29(02):11-18.

交互重叠,有的操作步骤相互包容。教师很容易通过操作时间上的先后顺序来修改操作程序,但很难想象修改后的流程其效果会一样。

4.实现条件

任何一种教学模式的实现需要一定的条件,这些条件包括各种软硬件。软件条件包括教师的专业知识、学生的知识基础与心理特征、教学内容本身、多媒体及计算软件和可掌握的教学时间等,而硬件条件则包括可能的教学仪器设备、计算机与网络、投影工具、教学空间及其他支持工具等。这些条件之间可互相影响,一些条件的改善与增强,可以大大提高教学效率。例如,现代多媒体教学设施设备与投影工具的使用,大大提高了信息与知识承载的效率,提高了信息传达的视觉效果。

一定的教学模式所需要的实现条件会有些差异,至少其必要性会有所不同。过去一支粉笔、一块黑板、一张嘴,一个教师就可以玩转一堂课。而今天的教学,缺少了投影,很多人会有些不习惯。一些教学条件的使用并不是充分必要条件,如果不考虑教学效益的评价,则很难评价教学模式的实现条件是否得当。特别是在今天,投影与PPT的使用则变成了另一种灌输教学模式。

5.教学评价

教学评价是对教学过程及其结果的评价。教学评价的具体内容目前没有统一认识,是否应该包括对“教”与“学”的全部评价,是只评价“学”的效果,还是只评价“教”的成效? 是过程,还是终结性的? 这种争论本身是由于教学目标的不确定性以及教学对象的多样性和复杂性造成的。因此,现在在教学实践中有多种教学评价存在,相互结合使用,服务于特定的教学模式。

目前,有一些比较成熟的教学模式已经形成了相应的评价方法和标准,还有不少新出现的教学模式没有形成自己独特的评价方法和标准,其成效还需要实践的证明。然而,教学评价就其实现的方式、方法而言,往往具有一些共性特征,如所采用的数学模型或计算方法,完全可以独立于教学模式而探讨,如对学生学习效果的评价、学生成长的预测所采用的AHP方法、决策树方法。

(二)国内外教学模式现状

教学模式是教学活动的基本结构。每个教师在日常教学工作中,都可能有意无意地选择了某种教学模式以完成自己的教学任务。每个教师都可能在实践中询问过:"我所选择的教学模式是否恰当?是否能达到教学目标?"所有疑问可归结为"我所采用的教学模式是否科学合理"。据乔伊斯的统计,截至目前,大概有二十三种教学模式,这些教学模式中比较有影响力的有以下七种。

第一,传递、接受式教学。该教学模式源于赫尔巴特的四段教学法。该模式以传授系统知识、培养基本技能为目标,着眼点在于充分挖掘人的记忆力、推理能力与间接经验在掌握知识方面的作用,它可使学生比较快速有效地掌握更多的信息,强调教师的指导作用。认为知识是教师到学生的一种单向传递。非常注重教师的权威性。

第二,范例式教学。范例式教学是指教师通过有典型意义的、能说明问题的事例进行讲解。通过对典型事例的剖析,学生能举一反三,触类旁通,获得对事物本质的规律性认识,从而能够积极地、主动地学习,获得知识,培养能力,养成正确的情感和态度。

第三,现象分析式。现象分析模式的基本教学程序是:提出现象—解释现象的形成原因—现象的结构分析—解决方法分析,目的是要透过现象看本质。

第四,加涅模式。加涅把人的学习过程等同于电脑对信息的加工处理。他的理论的要点是:注意、选择性知觉、复诵、语义编码、提取、反应组织、反馈。按照电脑加工信息的步骤,加涅提出了九步教学法。

第五,奥苏贝尔模式。教师能将有潜在意义的学习材料同学生已有的认知结构联系起来,采用相应的有意义学习的心向(主动地将所要学习的知识与学生原有知识发生联系的倾向)进行教学。

第六,发现式。该模式的提出者杰罗姆·布鲁纳是美国认知学派心理学家。发现式教学模式要求学生利用教师和教材提供的某些材料,去发现应得的结论或规律。

第七,交互式。交互式教学法(也称交际法)以语言功能为纲,着重培养交际能力。最初它强调语言教学必须以"学生"为中心,教师应提供真实的、有意义的语言材料,创设真实自然的语言环境,使学生进行有意义的学习。随着技术的发展与新技术的引用,交互的意义已经大大超越了当初的设想。

应该说,每一种教学模式都有其自身的优缺点或者说是其对教学内容、教学对象的适应性。因此,我们没有足够的理由认为一定只能用某一种模式,或者必须用某种模式,实际上每种教学模式都会受到特定的教学目标的限制,而且其要素之间的相互匹配性也会影响该教学模式的成效,从而影响我们的实际选择。显然,研究教学模式本身就是教学研究方法论上的一种革新。长期以来人们比较重视研究教学及其过程中的各个部分,而很少从系统的角度来研究各部分之间的联系或关系,也就是忽视了"教学"本来就是一个系统性工程。教学模式正好是这个系统性工程的一种描述形式,教学模式的研究可指导人们从整体上去综合地探讨教学过程中各因素之间的相互作用,了解其多样化的表现形态,并通过加强教学设计、研究教学构成中各个要素的优化组合,从而使得教学工作者能够以动态的观点去把握教学,实现教学目标。

(三)教学模式的运行特点

在实践中,面向不同年龄段的群体,不同学历层次的群体,不同的学科与教学目标时,教学模式呈现出不同的适应性特征。教学模式有其自身的运行特点,教师必须加以分析。主要特点如下:

1.适应性

一般来说,一种教学模式都是基于一定的教育教学理论,为实现一定的教学目标而设计的。一些基于心理学应用理论的教学模式,由于认知心理模型呈现出明显的年龄特征,因此不可否认的是:一些教学模式只适合低年级教学,一些则只适合高年级教学,随意地使用有可能致使教学效率低下,甚至可能适得其反,造成资源的浪费。一般来说,教学模式并非针对特定的教学内容而设计,但在运用的过程中必须考虑到学科的特点、教学的内容、现有的教学条件和师生的具体情况,进行细微的方法上的调整,以体现对学科特点的主动适应。

而且,每种教学模式的有效运用需要一定的软硬件条件,配置恰当的软硬件资源,才可能促进教学效率的提高。应该说,多媒体教学,尤其是大量动画视频资料的使用,加深了学生对抽象、间接、乏味的概念的理解和记忆。这种教学条件的改变,也提高了教学模式的适应性。因此,我们很难判断教学模式的优劣,但在一定的条件下我们有能力评估出某种教学模式的适应程度,从而科学地选择教学模式。

2.可操作性

任何一种教学模式一定能在某个教学过程中加以实践,并能区分其特征。教学模式是一种具体化、操作化的教学思想或理论,一定能为实践所检验并能重复使用,其效果的优劣必定能进行比对。因此,教学模式一定能复制。

教学模式是一个比较抽象的理论具体得多的教学行为框架,具体地规定了教师的教学行为,使得教师在课堂上有章可循。在教学条件许可下,教师如果按照这个模式的流程组织教学,就能有效地分配资源,熟练地协调教学活动中的各个要素,从而保证教师最有效地实现教学目标。

3.系统性

只有在过去那种完全灌输式教学情境下,才会有人愿意承认教学是一种单边活动,知识传播者无须考虑受众、知识的特征。即便如此,人们还是不得不承认教学是一种系统化工程,教师除了需具备相应的专业知识,还需要具备多种涉及教育、心理、管理等方面的应用技能与技巧。

教学模式是教师在教学活动中的行为框架,实际上也是教学过程中的各个参与元素在时间、空间上的排列及其相互作用。从活动的空间限制到时间段的分配,从学生的接收到学生的迁移,从知识的引入到知识的应用,从言传身教到辅助教学工具的应用,一些教学模式所包含的多个步骤显然无法随意更换相对位置,一些教学设备的使用也必须等到一定的时机,一些知识内容也只有在学生具备相应的知识基础后才能进行联想。这种教学模式在实践过程中的系统性特点,使得其在应用中需要面对许多不确定性,其效果也不可能完全一致。

4.稳定性

教学模式是大量教学实践活动的理论概括,在一定程度上揭示了教学活动特有的普遍性规律,而不只是针对特定的学科教学。一般来说,教学模式并不会讨论具体的学科内容及其教学方法,其教学活动流程对许多学科的教学起着普遍的参考作用,只要做简单的修改即可达到教学设计的目的。而且这种教学模式一旦在一门课的教学实践中加以应用,其上课程式化基本固定。因而,教学模式具有一定的稳定性。

二、教学改革与教学模式的内在关联

近些年来,教学改革的呼声日渐高涨、不绝于耳。从小学到中学再到大学,当前教学模式的问题有以下六种:

第一,当前的教学模式以教师传授知识为主要形式,轻视培养学生发现问题、解决问题和创新的能力。然而,这种形式又与我们的教学目标相左,教学效果饱受诟病。

第二,教学过程追求完整的学科知识体系,忽略知识本身的内在联系,导致资源的浪费(许多学过了的知识在乏味地反复),不仅没能激发学生学习的主观积极性,反而抑制了不少能动性。

第三,当前教育对象具有特殊性。个性化、不均衡化、冲动化是其典型的代表。而当前教学模式持续较少关注多样性发展,方式、方法与策略不改,难获成效。

第四,PPT使用“泛滥成灾”,看上去现代化的教学模式变成了新型的接受式教学。课堂已经失去了其存在的意义。

第五,交互式教学难以真正实现。师生们指望通过互动来增加课堂的趣味性,促进学生的思考,让互动来改善教学质量。然而,交互教学的实现并非易事,教师的专业素质、对课堂的掌控能力、知识储备与学生积极性,这些都直接决定其成败。

第六,教师教学课件在让表现力更加强大,知识传递手段更为丰富,传播效率更高的同时,机械的鼠标点击与知识结构的流水化,也让多数教师失去了激情。激光笔与屏幕代替了粉笔与黑板,少有改善教书育人过程的变化;丰富、繁杂的课堂上知识应接不暇;教学形式的一成不变与照本宣科,让教师忘记了学生的存在。

课堂教学存在的最根本的问题是教学模式的选择问题。多数教师不愿也无法放弃已经非常熟练且不需要额外费力的传统教学模式,由此产生了一系列的问题:教学模式与教学目标不匹配,导致不适应当前的教学;教学模式局部的修改,如增加计算机与投影设备,并没有带来相应的教学效益,而一些教学模式所需要的条件不成熟则直接影响其成败;教学模式没有反映出当前学生的认知、心理及社会环境的变化,死守过去的教条,让现在的学生成长适应过去的经验观察;教学模式缺少必要的系统化教学评价体系,目前少有贯穿于教学过程,可动态评价学生、教师的"学"与"教"的评价系统。

教学要改革,尤其是课堂教学,但应该怎么改?怎么改才能有成效?无数教育教学工作者都有过思考、实践,毕竟这是一个影响千秋伟业的大事。

在传统课堂教学模式下,教师做的是"知识"批发。在班级授课制下,不论是什么形式的课堂教学模式,学生尽管学的是同样的"内容",但其中的学生绝非被动地接受这些传送来的"知识",并化为己有。因为学生的心智之间存在差异,教师只有通过与学生交互,让这些知识变成可为每个学生接受的,成为每个学生最近发展区的一个组成部分,这是交互教学可成功的基础。但是当前交互教学发展于低年级的语言教学实践当中,所形成的教学流程和结构与高年级教学需要不相称。因此,交互教学在流程与结构方面需要重新进行设计。

基于大量的管理学、教育学理论与教育教学实践研究,我们提出将管理学的快速响应策略引入交互教学模式中,并引入教学管理工具,经过两年半的探索、实践,证实这个策略是切实可行的。

概括起来,我们认为要解决当前交互教学中的棘手问题,需要以下三方面的支持条件:

第一,当前,我国高等教育强调"思维能力、学习能力、创新能力"的发展交互教学模式,在理论上可满足这种需要,但从当前实践的交互教学模式来看,在流程与结构上存在一些不适应的地方。尤其是创新能力和思维能力的发展,这是我们当前呼唤最多的,交互教学并没有设计足够多的相关环节,甚至其在流程方面对其考虑得也较少。在传统交互教学中,采用了一种结构化对话,这种对话的发展不是以创新能力的培养为目标的。

第二,师生信息不对称极容易让师生行为相悖,教师容易忘记学生的存在,而学生也易忽略教师的价值。为此,需要建立一个师生交流网络平台:一方面,需要确保课堂内外信息的可获得性和信息的一致性;另一方面,需要在有限的时间内、一定的空间里,将学生的需求状态与个性特征的变化反映出来,帮助学生动态地从网络平台来了解周边同学的学习状况,也可帮助教师参与学习活动。移动工具(智能手机或平板电脑模式)可构造出当前最好的应用环境。移动工具可以帮助教师在既定的空间(教室)里,在讲台上或者讲台下,利用信息系统弥补自身的缺陷,扩展自身各个功能器官的机能,快速地响应学生的请求。例如,不熟悉的知识点可以通过网络查询,可随时查看准备好的讲义、教案、小技巧,可随时调阅个别学生的档案,可随时检索学生一段时间来的变化情况等辅助服务,可极为有力地帮助教师快速采取正确的行动。

第三,在这个教育蓬勃发展的年代,教师面对着一群个性化越来越强的学生。课堂上,教师既是知识的传播者,也是学生的服务者,服务质量的品质取决于每个学生成长质量的总和,而且这是一个长期积累的过程。有效跟踪、评价学生的学习状态,这是确保实现教学目标的条件之一。为此,需要建立一个学生学习成长状态跟踪与评价平台,从"能力、态度、绩效、参与、考勤"等几个方面对学生做出课堂内外的信息跟踪,一方面督促学生学习,另一方面方便教师了解。

笔者所在研究团队就该策略进行了为期两年半的分阶段实践。第一阶段,采用的是所谓广义交互教学模式,没有计算机系统做支持,完全采用问题讨论教学模式和引入头脑风暴教学环节,记录和跟踪全班33个学生的状态则采用卡片手工记录;第二阶段,引入计算机网络平台,提供网络作业与评阅、微博、论坛、短信服务,实现了状态跟踪和评价。无论是在第一阶段还是在第二阶段,学生都非常认可这种教学模式,也获得了同行的认可。

在实施现有的交互教学模式过程中,实践表明通过构建智能服务平台,跟踪和评估学生的学习状态,帮助教师快速响应学生需求,可实现最大教学效益。

第二章 高校教学管理改革创新理念

自20世纪90年代,我国高校教育建设和发展出现了"井喷"现象,高校办学规模和在校人数逐年增加,在以"建设世界一流大学"为目标下,我国高校教育的基础设施建设和学科建设步伐大大加快。其中"双一流"作为我国高校教育发展的先行军,为我国高校教育吹响了前进的号角。我国高校教育追寻的"世界一流大学"的精神内涵需要着重指出,大学的内涵是"普遍、整体、世界"的意思,大学精神气质的这种普遍主义精神主要表现为:首先,大学知识传播者应该包罗万象,全面而又专研;其次,大学知识获得者也应遍布全球各地,尊重接受学生个性;最后,大学的内部管理和科研教学必须能够与时俱进。

但在我国这样一个拥有几千所大学的国家,谋求国际高水平大学的理想需要的不仅仅是政策性支持、教育资源投入和就业环境改善等外在条件,更重要的是我国高校教育进一步发展改革所选择的管理体制如何更好地适应新时代和新环境的需要。目前我国大学里,教师队伍的素质、研究水平、研究成果,决定了大学的高度与地位。如何在改革环境中梳理出政府与高校、社会与高校以及高校内部的种种关系,成为我国高校教育管理改革的出发点和立足点。因此当代我国高校的发展需要理顺师资管理制度、科研管理制度、后勤社会化管理制度、教务管理制度等高校管理体制创新,迫切需要理顺大学与行政和学术、学生与教授以及就业与毕业等多重关系。可见我国高校教育管理体制改革是我国政治体制改革的延续,只有建设和完善我国高校教育管理体制,我国高校教育才能在公正、民主、自由、法治的前提下获得健康持续发展的动力。

第一节　坚持创新理念

创新是指改变旧制度、旧事物,对旧的生产关系、上层建筑做出局部或者根本性的调整变动。所以创新就是改进不好的,改正错误的、不合理的,最终达到创新的目的。创新需要清晰的价值和目标,即明确创新理念,它关系到创新的出发点和前进方向。高校教育教学是对高校教育的认知、使命、作用等基本问题的认识和看法,是高校教育管理实践的总结和概括,具体包括管理理念、学习理念、教育教学、办学理念等方面。①

一、统筹理念

我国高校教育作为公共物品和服务的一部分,其物质载体是大学,大学的根本属性是我国事业单位,这种公益属性不会发生改变。

统筹作为一个由数学衍生出的系统科学概念,主要强调的是针对一个事物发展或行为执行过程中涵盖的规划、引导、服务和扶持的完整的过程体系。政府统筹就是站在事物全局的角度统筹思考、洞察事物、工作谋划、整合协调和创造性思维、服务全局的能力。不顾此失彼,不因小失大,兼顾和协调全局各方面利益,使整体协调,布局合理,利益得当,人文和谐,思想协同,工作得力。那么政府对高校教育的统筹也就可以围绕这一概念展开,即政府统筹规划、统筹引导、统筹服务和统筹扶持。对高校教育发展的速度、规模、质量、结构进行宏观管理,促进管、办、评分离,形成政事分开、权责明确、统筹协调、规范有序的管理体制。对学校布局、学科专业设置、学位授予点和继续教育发展规划。统筹研究生教育、本科教育、高等职业教育和高等继续教育,构建层次分明、类型多样、特色鲜明、充满活力的高校教育体系。

推动高校教育内涵式发展是基于高校教育发展的新的指导方针,是"办好人民满意的教育"的坚实基础,是"全面实施素质教育,深化教育领域综合创新,着力提高教育质量,培养学生创新精神"的最好保障,是"立德树人",培养德智体美全面发展的社会主义建设者和接班人的关键举措。所谓内涵式

---

① 刘振海.终身教育视域下我国高等教育管理体制研究[M].沈阳:辽宁教育出版社,2018.

发展,就是以科学发展观为统领,摒弃高校传统追求规模、数量的粗放式发展模式,着眼于效益与质量的创新型发展道路。效益、质量与创新三位一体,其核心是实施内涵发展,重点是学科建设和制度建设,其动力源于深化创新,其保障是和谐校园建设。

第一,统筹引导方面。建立高校学科分类建设体系,实行学术发展分类管理;创新高校人才培养模式,提高高校人才培养质量和深度;加大对高校学术的监督和审查;统筹推进各级各类高等教育协调发展;统筹高等教育城乡、不同区域间教育协调发展。

第二,统筹编制方面。符合要求和国情的高校教育办学资质、教师引进、招生质量等多项标准。

第三,统筹服务方面。深化高校教育综合创新,推动教育事业科学发展,必须以"三个满意"为出发点和落脚点,在关心国家命运、服务国家战略上有所作为,让党和国家放心;在勇担社会责任、满足社会对创新高校教育不断提高的要求上有所进步,让广大人民群众满意;在坚持以人为本,实现、维护、发展好学校广大师生员工根本利益上有所建树,让广大师生员工满意。引进国际创新教育资源,提高中外合作办学水平。

第四,统筹扶持方面。落实扩大高校教育办学自主权,完善我国特色现代大学制度,完善教育惩治和预防腐败体系;统筹健全以政府财政支持为主、社会捐助资助教育经费、有限度自主探索高校教育市场化稳定增长的机制;建立地方政府所属高校的教育职责评价制度;探索建立政府督导高校机构职责运转的机制。

我国明确指出,到2020年建立起功能明确、治理完善、运行高效、监督有力的管理体制和运行机制。管理体制和运行机制的重大变革涉及法律制度、组织架构、权责划分、运行规则和利益调整等诸多方面,内涵十分丰富,是一个系统的制度安排,这都需要政府统筹来部署和实施。需要政府统筹协调政治体制创新和市场经济体制创新,使我国高校教育管理创新与政事分开、管办分离和转变政府职能等其他政治、经济、文化、社会创新密切联系,相互影响,逐步推进。深化教育管理创新,探索政校分开、管办分离实现形式。

二、参与理念

我国高校教育从中华人民共和国成立初期的"精英"教育走向"大众"教育,是随着我国政治、经济、文化和社会环境变化不断适应的发展历程,是我国政治体制创新不断深入的体现,是社会主义市场经济创新深入人心的要求,是社会开放文明的自我需求,是我国文化传承自我提升的动力源泉。

社会参与高校教育管理创新的必要性主要有以下几方面:首先,从高校的系统性和开放性来看,高校教育作为一个系统要生存和发展,不可能封闭自我。高校需要汲取自身生存发展所需要的物质资源、人力资源和财务资源,无法忽视与社会普遍联系的客观事实。高校应立足于扩大高校的开放性,融入我国国情的现实社会中,建立社会参与高校管理的机制。其次,经济和社会生活方式的重大变革使高校教育的大众化普及程度不断加大,继续教育、职业教育等终身学习教育制度不断深入人心,极大地刺激了社会参与高校教育的意识。再次,激烈的市场竞争环境下,对人才的需求和竞争成为市场生存的不二法则。市场竞争主体例如企业已经以极大的热情加强与高校的合作,参与到高校教育的具体实践中,寻求满足自身需要的合格人才。最后,高校自主化办学带来的就业压力和经费支出以及后勤社会化等创新也需要得到社会的支持和帮助。总之,高校接纳来自社会各方面参与自身管理是必要且可行的。

社会参与高校管理的内容主要包括以下三个方面:

第一,社会参与高校决策。高校管理创新需要吸纳更多智慧和力量,确保高校的决策体制、运行方式、机构设置等内部事宜得到民主、科学的监督、反馈和建议,社会参与的重要性不言而喻。

第二,社会参与高校管理的具体事务。市场权力对高校权力的影响和制约使社会参与高校管理的具体事务越来越深入。高校的专业、课程设置不断重视市场需求,高校毕业生就业市场要求高校教育管理贴近社会现实,高校内部事务信息公开,等等。

第三,社会参与高校教学科研等高端领域。高校的社会服务功能使社会参与高校教学科研等高端领域。高校与企业的合作正是社会参与的表现。我国高校教育创新是系统工程,能否在市场经济大潮中接受社会检验是创新成败的关键。我国高校要认清现实发展要求,提高社会服务功能,树立社会服务意识,把社会参与作为自身管理创新的重要内容,实现科技成果转化,提高社会知名度和权威性,满足社会需要的创新目标。高校教育的需求多样性、高校教育走向社会中心以及高校教育经费来源的渠道多元化要求社会参与,这不仅是高校教育发展的共同趋势,还是实现高校教育内部管理制度完善的重要保证。

三、公共利益理念

公共利益是指公众的、与公众有关的或为公众的、公用的需要的利益。根据《公共政策词典》的界定,公共利益是指国家和社会占绝对地位的集体利益而不是某个狭隘或专门行业的利益。《中华人民共和国教育法》第八条规定"教育活动必须符合国家和社会公共利益"。公共利益产生于人与人之间的社会联系,是公民个人利益最终的价值取向,代表着长远的、共同的、整体的个人利益。高校教育的利益主体可以分为国家利益、团体利益和个人利益。国家利益是指国家从高校教育的发展中获得的人才培养、科技技能输出的政治利益。团体利益是指高校的各种权利主体在博弈过程中获得的权利利益。个人利益是指参与高校教育过程和活动中的个体获得的参与权、保障权和结果权的权利利益。这三种利益主体只是基本利益和直接利益,如何协调利益冲突和分歧,寻求整体利益最大化,这就是公共利益取向的理念所在。

公共利益正当性的基础是以一定社会群体存在和发展为前提的,公民的受教育权是公民的基本权利之一。因此,保障公民的受教育权利成为公共利益取向的共性特征。高校教育的社会服务职能是公共利益至上理念的具体体现,这需要由国家法律作为保障,例如《中华人民共和国宪法》《国家中长期教育改革和发展规划纲要》《高等教育法》等。高校教育作为公众受教育权利的组成部分,已经从"精英"教育转变为"大众"教育,受教育群体的数量、受教育群体的文化程度已经具有社会普及性和公民自主性走向,因此,高校教育创新的公共利益取向能够满足国家利益和个人利益的诉求。高校教育的受教群体不因年龄、性别、民族、肤色、国籍、经济状况、家庭出身等因素而影响到高校教育知识的获取和传播,享受机会均等无差异。高校教育需要在生产知识、科技和人力资本过程中增效,实现教育产业化,进一步改善教学环境,增加教育奖学金的投入和贫困生补贴力度,促进高校教育事业的公平和正义。

高校教育管理创新涉及社会公共资源和经费的使用和调配,影响到社会成员的共同利益,创新的成果需要全社会共享。高校教育创新的公益性具有公共性、社会性和整体性,包含国家层面的经济利益、政治利益、文化利益、文明利益,也包括社会层面的经济利益、文化利益、政治利益,还包括个人层面的物质利益和精神利益。追求公共利益是高校教育管理创新的核心价值理念,是我国特色社会主义高校创新的前提和出发点,是调和权利主体追求共同目标的指导原则。

四、质量至上理念

高校教育创新理念是与时俱进的时代产物,其中质量至上的学习理念是源于首次世界高等教育大会的两份重要文件,作为其中的核心理念,联合国教科文组织认为高校教育质量是多层面的概念。概念涵盖了两方面内容,一方面是"层次"的问题,指的是高校教育质量是多层次的质量的统一体;另一方面是"方面"的问题,指的是高校教育质量是多方面的质量的综合体。

高校教育的系统类型通常被划分为研究型高校、教学研究型高校、教学型高校和高职高专高校。每个层次的高校所追求的质量标准和人才培养方式以及学习理念都是有差别的,这种差别本来是基于学科、专业、学术自身特点而形成的不同的质量要求。随着高校社会资源的有限性分配和政府资源集中性支配的模式演变,我国高校分门别类地出现了雷同化和趋同化特征,高校教育质量的层次差异化被高校自身建设发展所消弭。但社会发展过程中的社会分工和资源专属性越来越明显,对高校教育质量层次的需求面被极大地拓宽,高校教育质量层次化不明朗造成了高校就业环境恶化。解决高校教育质量层次化发展的途径除了政府统筹外,最重要的是高校自身定位。高校历史积淀文化内涵,文化内涵塑造高校人文,高校人文成就高校精神即校训。高校教育创新中的按教育规律办学就是对高校文化传承和高校人文环境自主办学的认可。高校教育多方面质量包括学生的质量、师资水平,还包括图书馆的利用率、学术讲座的质量水平、学校后勤质量服务状况以及学术环境的自由民主氛围,等等。

这就需要高校树立质量至上的学习理念,从教学目的、师生角色、教学内容、教学模式、教学方法、考试方法、教学观等多方面进行改进。例如提升学生的社会责任层次,注重决策观念和技能培养;以学生为本,重视知识的接受和应用及主观能动性发挥;发挥学生主体学习地位,主动探索学习兴趣和努力方向;加强教学内容的基础性,提高教学内容的深度和广度;发展学生个性,激发学生的发散性思维和创造性思维;激励合理竞争,活化教学方法,注重社会实践;拓宽学科的社会研究对象,关注科学前沿知识,拓展学生眼界,提高学生驾驭知识能力,用知识质的提高应对量的增加。

第二节 把握职能定位

高校是实施高校教育的社会组织,主要功能是做学问、传授知识和服务社会。结合我国悠久历史文化传统的特殊需要,我国大学可以归纳为"人才培养、科学研究、社会服务、文化传承创新"四项基本职能。从四项基本职能中可以归纳为教书育人是目的,科研输出是手段,个性发展是理念,服务行政是模式。

一、突出育人

高校教育承担着人才培养、科学研究、服务社会、文化传承创新四大职能任务。推动高校教育内涵式发展首先需要处理好人才培养与科学研究的关系。人才培养是高校教育的根本使命,在四大职能中居于核心地位,包括科学研究在内的高校一切工作都要服从和服务于学生的成长成才。人才培养的是人才素质,包括人格、知识、能力和体质,即"德智体美"。大学的核心功能是培养全面而自由发展的人才,塑造符合我国发展的合格的社会主义建设人才,这是我国高校现代化建设的社会使命和至上原则。实现核心功能的途径便是知识传授,因此二者归纳为教书育人。培养专门人才是高校教育的本质特征,突出创新能力培养,进行科学素养和人文素养的融合,造就全面发展的人才。

首先,建立以学生为服务之本的高校教育质量评价体系,把高校教育的传授重心放在学生身上,从关注学生成长和体验出发,将学生自主学习知识和全方位考察评价授课质量等确定为高校教育教学评估考核的重要内容。培养学生具有开拓精神、竞争能力,具备复合型知识,满足市场经济发展需要。其次,高校教师有必要参与社会实践,加深自身对社会需要的亲身体验,打破高校教育内部自我封闭的认识局限。高校教师学者的社会需求体验和实践一方面可以提高学者解决实际问题的能力,丰富教学素材,将社会急需技能传授于学生;另一方面可以使学者和学生对社会需求的认知更为切合实际,注重学生创新能力观念、终身教育观念、基本学习能力观念的培养,以及以学生为本的教学创新。最后,高校必须研究社会需要的各级各类各层次人才的素质结构和能力,为人才的社会输出提供品德培养、技能培训、智力保障、素质完善,以实现知识价值的社会转化效能,实现科学技术是第一生产力的理论与实践的无缝对接。

二、注重科研

高校教育的职能是在社会发展需要的基础上形成的,是社会赋予高校教育的任务和职责,是高校教育与社会之间关系的集中体现。高校教育的科技发展和科技输出职能定位是以1862年美国威斯康星大学的办学思想为标志,使高校教育的知识向社会输出转变。《国家中长期科学和技术发展规划纲要》(2006—2020年)明确了科研工作指导方针:自主创新,重点跨越,支撑发展,引领未来。高校作为我国科技创新的生力军,是科研竞争的前沿阵地和国家综合实力展示的重要内容,高校科研输出是确保高校人才培养、社会服务和文化传承职能的重要保证。

高校科研输出的最大化取决于高校科研管理人员的自身素质建设,涵盖知识素质、管理素质、伦理素质和服务素质等,这都需要高校完善的科研培养培训机制为保障,赋予科研管理成果转化享有权,激励科研输出的主动性。科研管理职能在通过社会输出实现科技转化的过程中需要努力实现四个能动即能动策划、能动组织、能动跟踪和能动管理。强化科研课题设计和项目申报策划,强化科技成果转化和报奖的策划意识,强化科研部门跨学科的创新团队组建,强化社会合作企业的技术成果转化平台推广,强化科技推广的跟踪机制,强化基础研究与应用研究的有效融合。高校需要牢固树立人才培养必须以高水平科学研究为支撑的观念,鼓励教师重点开展有利于提高教学质量、推动理论创新、服务经济社会发展的科学研究,并将研究成果及时转化为教学内容。还要正确处理好科研与教学的关系,树立科研为教学服务、科研和教学为社会服务的意识,提高高校的科研实力,提升学校的知名度和学术的名誉度。

三、坚持个性发展

从本质上讲,大学管理是知识和科技的创造性组织,尤其是在我国高校教育管理创新的社会环境形势下,大学管理需要开拓进取的创新精神。只有创新精神才能塑造和铸就具有内涵式发展的高校,从而培育出个性发展的个体和团体。①

从个体层面来讲,学生乃至学者,需要保持个人的思想独立、学术自由、民主平等。个性既是个体的整体精神面貌,还是个体独有的心理特征,个性发展是个体独特性、创新性和主体性的实现过程。第一,高校个体培养理想、健全人格。在个体的短期目标、中长期目标和远大理想树立和实现过程中,将个人价值、社会价值融于一体,通过高校文化载体和高校学术载体输入和输出,经过高校个体的努力奋斗和高校平台的支撑,致力于服务国家和社会的目的。培养集体荣誉感、团结合作精神、努力拼搏意识、热爱生活态度、严谨求知志向、无畏探索倾向、全面发展思路等个性心理特征,培养人文素养、社会责任、道德良知、兴趣爱好、体育活动等社会人格要素。第二,高校个体培养创新意识和创新能力。个性发展是创新精神的基础,创新精神的目的是以人为本,以人为本的核心是个性发展。经过对高校教育知识接触、传授、探索和考究,高校个体结合个体兴趣和喜好,通过对知识真理的探求,势必带来创新活力和创新意识及能力的注入,高校个体的事业心、责任感和使命感便在个性的培养过程中自然而然地形成。第三,高校个体拓宽眼界、开阔思域。高校个体借助高校知识平台和高校教育交流计划,能够把握世界最先进知识的前沿,了解人类发展困境中的障碍,接受国内外先进思想知识的洗礼,总结归纳个体立志追求的方向,树立个体人生崇高理想的目标。第四,高校个体

①李熙.互联网+时代高校学生管理模式的转变及创新[M].长春:东北师范大学出版社,2017.

活力四射、自我约束。高校个体在身心健康发展的同时,抵御社会思潮的诱惑,完善自我约束,注入时间和精力,运用年轻活力和创新精神,争取个人价值的实现和社会价值的体现。

从学校层面来讲,高校需要树立自身的教育特色和人文底蕴。一是丰富高校自我精神。挖掘高校的历史文化传统,吸收现代大学的办学理念和思想精华,传承高校精神,明晰高校使命。二是树立高校独特观念。秉承高校校训,加强每届师生的校史教育,学习高校学术大师、学术大家的人格魅力和开创精神,尊重师德,传承高校先辈的奉献精神和学术追求,强化本校的责任感、荣誉感。三是健全高校文化制度。完善高校大学章程,推行制度创新,将高校精神和高校行为文化融入制度设计中,体现到师生行为中,用制度督导高校文化的自我渗透。四是完善高校标识建设。充分利用高校的校旗、校歌、校徽等文化符号的视觉效果,制定高校标识使用规范,开发设计高校独特的文化产品。例如高校信笺、邮票、台历、纪念品、纪念册、公文样本模板、校务公示样板、高校录取通知书、成绩单和奖励证书等。五是创新高校文化载体。运用高校事务如校庆、运动会、毕业典礼、新生入学等仪式,弘扬和传播高校独特文化内容。创建高校品牌的学术讲座和高校名家论坛,丰富高校文化内涵建设,通过高校文化载体如BBS、图书馆、教学楼、校舍、校内微信、学生社团等,营造高校全面丰富而又个性鲜明的文化氛围。

四、着眼服务行政

"服务行政"一词源于德国行政法学家厄斯特。服务行政是由原来的计划经济向市场经济转变过程中关于行政法的定位和作用的指导理念。学者张成福认为我国行政现代化的目标取向在于建立市场或亲市场的政府行政,使公共行政国家权力的载体过渡为公众提供服务的实体。[①]高校"服务行政"是指高校行政权力以高校全体师生员工等高校利益相关者的真实需求为服务风向标,为其提供创新满意服务为首要职能,不断完善服务保障制度和服务体系的管理模式。

高校服务行政必须从"以权力和政治为中心"转变为"以大学章程为中心",从"管制行政"转变为"服务行政"。遵循有限性、法治性、民主性和有效

---

①张成福.行政组织学[M].北京:中央广播电视大学出版社,2008.

性原则,树立以人为本的理念,重视高校学术权力的诉求,增强服务意识;通过沟通与协调的民主平等对话机制,致力于高校教育质量发展,推动高校学生的全面发展,紧密联系高校与其他社会组织的交流与合作;设计符合现实需要的行政服务管理制度,将高校自由发展权力归还于高校权力各主体,最终实现行政权力与学术权力关系的有效融合、行政权力与学术权力的相互信任、行政权力与市场权力走向良性互动。

高校服务行政必须协调学术权力与行政权力的相互关系。第一,二者的合理性需要兼顾。学术权力的独立行使是高校学术自由、民主管理、公平公正的建校根基;行政权力的管理履行是高校管理效率和运行秩序的基本保障。二者只有实现动态平衡和互助共享才能实现我国高校自主发展的目的。第二,二者权力边界需要明确。根据大学章程,建立相互分工、互相合作、相互制约的关系。第三,二者作为高校权力系统的内部构成要件,学术权力作为高校权力的基础,行政权力必须为学术权力服务。第四,高校的政治权力创造组织体制保障和构架,行政权力是"制度性权力",学术权力是"权威性权力",行政权力需要通过制度设计确保学术权力应有的地位和权威,实现政治权力的问责协调定位,达到高校教育内部权力运转的畅通。

第三节 构建权力结构

高校教育管理创新作为一个系统工程,相互制衡的权力结构的构建是该工程不可或缺的子系统之一。对于整个高校教育管理的大系统来讲,内部与外部两个环境相互作用。外部环境包含诸多因素,比如国家和政府调控、人民和社会需求等等,但在这诸多因素之中,市场是核心和关键。经济体制创新是全面深化创新的重点,核心问题是处理好政府和市场的关系,使市场在资源配置中起决定性作用和更好发挥政府作用。让市场行使参与权是抓住外部环境中市场的关键,是发挥市场在高校教育资源配置中起决定性作用的重要举措。[1]

---

①杜霞,张瓦.高等教育法概论[M].北京:中国社会出版社,2018.

一、参与权

从历史发展过程来看,市场权力在我国高校发展过程中处于遮蔽状态,主要通过学生报考志愿、报考专业、大学生就业等途径展示市场权力对高校发展的影响力相对乏力。从历史发展趋势来看,市场权力在我国高校管理创新过程中发挥越来越大的软实力,持续走强。改革开放以后,市场就开始逐步渗透到我国高校发展中,经过三十多年的发展壮大,市场力量已经明显显现。比如,逐渐形成了以公办高校为主、社会各界广泛参与、公办学校和民办学校共同发展的办学体制,实行市场机制的学费制度、就业环境和人才竞争;我国高校的专业、课程设置不断重视市场需求,公办高校与私立高校的竞争也风生水起。市场经济发展大潮中的经济意识、主权观念、竞争意识、自由精神、宽容态度、平等观念和共赢博弈正在我国高校不断上演。市场权力的构成主体宽泛且多元,是我国高校自我体系外的多因素综合体全方位展示,有国家需要、社会需求、市场刺激,也有国际化和全球化过程中的不断要求。市场权力的参与权主要通过以下三方面行使。

第一,市场权力要求高校教育服务质量贴近现实需求。我国高校毕业生数量在不断增加,近两年增速略有下降,但总量也创历年新高,毕业生就业压力大已成为不争的事实。学生就业情况严峻,高校的教育质量需要更加适应市场的需求和变化,重视学生参与市场经济活动的能力和条件,摒弃盲目以我为主的办学理念和不求思进的教育观念,需要发挥政治权力在我国高校发展中的调控权。

第二,市场权力要求打破创新高校教育服务。随着我国经济发展的不断进步和我国居民家庭支付能力的不断提高,高校教育资源作为最有潜力和最有回报的市场,对外交流的范围和深度正在我国不断增大。根据教育部发布的数据显示,我国高校教育资源的人才流失情况正在不断加剧,而我国高校教育创新服务主要还是由"双一流"高校所垄断。如何破除教育资源的垄断,实现全社会高校教育资源的广泛交流,提高我国高校教育的世界影响力显得非常重要,这就需要发挥学术权力在我国高校发展中的专业权。

第三,市场权力要求大学信息透明公开。信息公开是把知情权、参与权和监督权结合在一起。伴随着我国政治体制创新的步伐,更充分的信息不仅服务于保护消费者的目的,而且也可以提高生产者的效益。产品的质量信心可以激励生产者投资于质量改进,进而更好地在市场上进行竞争,近年来陆续有单位或团体发布我国大学排行榜,这种全面丰富的"消费者导向"排行信息公布,需要我国高校的学校声誉、学生保持率、学术研究成果、专业排名等多维度和多指标的权重展示,这些事关高校教育质量信息的大量公开需要我国高校行政权力发挥管理作用和调控作用。

二、问责权

高校教育所倡导的机会公平和社会公正既符合当代社会的发展趋势,也体现了高校所具有的政治性特点。我国高校构建合理制衡的权力结构,不是简单地剔除国家和政府对高校的控制权,而是为了以党委为代表的政治权力能够找寻适合自身的权力领地,正确发挥高校"举办者"作用。

第一,明确党对高校的领导地位。高校的政治权力是国家权力在高校中的具体展示,决定着高校发展的基本性质,决定着高校人才的培养目标以及高校人才培养标准等重大课题。政治权力是中国特色社会主义高校的本质要求。《中华人民共和国高等教育法》明确规定:"国家举办的高等教育实行中国共产党高等教育基层委员会领导下的校长负责制。"党委领导下的校长负责制是我国高校的管理特色,确保培养合格的社会主义事业人才,更好贯彻党的教育方针。这也是明确规定的高校内部管理体制。第二,确保高校相对独立的办学自主权。高校政治权力实际是政府权力在高校的延伸和扩展,改变全能政府的管理理念和态势,向服务型和有限型职能转变,赋予高校办学自主权,坚守应尽的权利和义务,政治权力不越界。第三,创新高校政治权力观念。在公共管理理念盛行的当下,我国高校的政治权力主体也应顺应时代要求,树立宏观调控理念。由事无巨细的微观管理演变为关注所有权力和权力主体的利益,鼓励教师、管理者、行政人员、学生、学生家长、社会用人单位、校友等人士参与高校治理,建立广泛吸纳各方利益的代表参与治理机构,使这些利益相关者平等参与高校治理。

三、管理权

行政权力是确保高校运行效率和运行秩序的必要机制。高校行政权力管理权划定是为行政权力在高校运行过程中设置合理的权力边界,即通过以校长为首的行政管理人员的管理工作,提高学校履行职责的效率。高校的行政权力以校长为代表,主要体现在行政组织协调工作,其管理目的、管理运行方式及管理结果反馈都要求校长为代表的行政权力具有高校大局观,保证整个高校的运行有序,正确发挥高校"办学者"作用。高校行政权具有一元性特征,一所大学只能有一个行政权力系统,权力的运行是自上而下逐级实施,最后实现行政权力的目标。高校办学规模的不断扩大和内部管理的日益复杂都对行政权力的发挥带来了挑战。

高校的行政权力致力于实现人才培养、科技进步、社会服务、文化传承创新四大职能,可以通过两个方面来实现。一方面,代表国家和政府管理学校,发挥管理者职能,主要通过科研、教学来实现合格人才培育、人才智力发挥、研究型与实践型科技成果孵化等社会价值实现过程输出;另一方面塑造高校内部自我管理的掌控者形象,主要通过协调组织机构运行、完善自我管理模式、提高高校内部资源配置、构建高校特色文化底蕴等自我价值实现过程流转。上述行政权力管理职责活动原则必须以高校政治权力为依托,以学术权力为基础,以市场权力为标杆,实现高校的内涵式发展。高校行政权力履行要摈除高校行政化中不利因素,坚守高校管理章程所限定的管理权限,强化高校行政权力的服务意识,创造高校学术权力充分发挥的制度环境和人文环境,实现高校与社会、市场的和谐共处。

四、专业权

学术权力是大学精神的体现,是大学内在逻辑的客观要求,是大学本质特征的外化,也是建立现代大学制度的核心。学术权力是以高校学术委员会为代表,参与主体是高校教师,主要依靠学者自身的权威,采用自上而下的运行方式,它是高校权力的基础。学术权力意味着在招生、考试、毕业和科研等方面拥有不可动摇的地位,就是让最有资格学习的人进入高校,了解他们是否掌握了知识,是否应该获得学位,是否有资格服务社会。行使专业权至少包括高校的课程设置、教学自主权、教育评价权和文凭认定权,这就需要高校成立学术委员会、学位评定委员会和教学工作委员会等高校内部团体组织来实现学术权力的独立行使。

(一)学术委员会

由科技处和研究生部负责人以及各学院和重点实验室具有正高级专业技术职称的代表组成,承担学术决策作用,包括学术水平评价、科研项目申报、科研项目评审、学术道德评审、学术规范教育、学术诚信教育、学术不端行为审查等职责。

(二)学位评定委员会

以学科分布为主,由科技处和研究生部负责人,以及各学院和重点实验室具有正高级专业技术职务的代表组成。承担学科学位评定作用,包括审议学位点申报、学位授予、学位撤销、指导教师审查等职责。

(三)教学工作委员会

审议学校教学工作规划和重大教学创新方案,指导全校教学工作;审议学校专业建设、课程规划、教材编订、实验室及实践教学基地建设;审议教学奖项评审,推荐各类奖学金;审议学校教学管理规章制度;审议学校教育教学研究及项目课题申报;开展教学调研等。

第四节 健全机构设置

高校作为一个组织存在,组织架构和制度安排必不可少。我国高校创新基于创新理念和职能定位以及对权力结构制衡的思量,在科学合理决策体制之下,需要实施合理的机构设置满足创新的需要。正确的创新理念要求机构设置多元化和民主化;精准的职能定位要求机构设置简约化和扁平化,建立科学合理的横向组织机构;制衡的权力结构要求机构设置制度化、规范化和程序化;科学的决策体制要求机构设置开放化和时代性。[①]我国高校的机构设置主要包含决策治理机构、行政执行机构、学术自治机构和监督反馈机构四大类。

---

①周远清,瞿振元,陈浩,等.中国特色高等教育思想体系举要[J].中国高教研究,2017(04):1-25.

一、决策机构

实际上,我国公办高校目前还没有成立专门的决策机构,即大学决策联席委员会。大学决策联席委员会包括:高校党委、教育机构代表、教师代表、学生代表、校友代表和社会知名人士代表等。大学决策联席委员会的组成首先是高校内外构成主体和外部联系紧密者,决策联席委员会的成立和职能行使依据大学章程的具体规定,其常设机构是高校党委办公室,下设三个处,共青团、国有资产处和组织处。大学决策联席委员会不介入高校具体管理过程,根据大学章程对行政权力的越界行使阻止和学术权力的违章问责以及二者权力冲突的调和。大学决策联席委员会融合了行政权力、学术权力、市场权力和政治权力的代表,进行高校内部自我控制与管理,自我决策、自我审视自身发展过程中的问题和重大事项。大学决策联席委员会的召开程序和成员构成及决策制定和实施均由高校章程规定,是高校总体决策和方向性、政治性的决策机构。

二、行政机构

高校的行政执行发起人是校长。校长办公会包括校长、行政各处处长,主要针对高校内部事务进行行政执行,召开的频率更高,参与执行的人数更多,执行的效率更高,关注的对象更细,主旨是服务高校、服务师生、提供保障。校长办公会的常设机构是校长办公室,组织、安排和协调校长办公会的召开、高校事宜以及对外事项发布。在大学章程的制度安排下和政治权力的委托代理关系下,成立以校长为首的行政执行机构。下设人事处、财务处、医务处、总务处、就业处、保卫处、外联处等校级层面行政服务保障机构和各学院里设置的院级层面行政服务机构,学院办公室由辅导员、学院行政主任等行政人员构成。

三、学术机构

在大学章程的制度设计和保障下,成立学术委员会、学位委员会和教学委员会三大学术自治机构。分别设有学术工作部、学生工作部和教学工作部,管理高校的图书馆、电教中心、实验室和出版社,涵盖高校学生的招生、录取、选课、学术活动、学生活动、学习安排等等。高校各学院也分别成立以上学术工作部、学生工作部和教学工作部的下属机构,自主管理高校师生的学习、活动、学术、科研和对外交流。高校各学院院长是学术型人才和管理才能的代表，是学术权力的代表，不依附于行政权力而自主实施管理，以三会的内部宽松的学术氛围和松散的组织形式来满足本院学生对德智体美等各种技能的学习需求。

四、监督机构

在大学章程的制度设计和权力制衡体系中，成立校友会、校企联合会、工会、纪律检查委员会和审计监察处等监督反馈机构。监督反馈不受行政权力和学术权力的影响和制约，有向高校政治权力，即高校决策联席委员会提请重大事项审核和问责的权利义务。监督反馈机构既要监督反馈行政执行机构的机构设置和职责行使，也要监督反馈学术自治机构的机构设置和职能监督，配合高校决策治理机构做好高校自主发展的协同作用。

第五节 保障运行机制

高校是一个系统，由高校内部、高校领导和高校外部三个组成部分。高校外部是高校实现高校善治的外部环境；高校内部是高校善治的结果；高校领导是连接高校内部善治与高校外部参与反馈的桥梁，校长产生机制又受到高校外部和高校善治结果的影响。

高校内部运行机制，体现决策、执行、监督的组织结构：大学决策联席委员会、校长、学术委员会。大学决策联席委员会：利益相关者组成，决定大学的战略与发展；校长：战略执行人，行政首脑；学术委员会：战略和运行结果的监督者。这三者通过政治权力、行政权力和市场权力相互影响制约，相辅相成，合作共存。高校外部运行机制，主要指大学外部资源的获取机制，例如大学党委、学术委员会、学位委员会。主要资源包括资金、资源和人才。获取方式既可以是通过市场竞争，也可以通过行政分配。所以，高校外部运行主要涉及的是大学与政府、社会的关系；评价标准是大学能否机会均等获得外部资源，特别是政府公共资源。高校外部运行机制合理与稳定要依靠法律和法规，即通过法治来实现。具体来讲，运行方式的高效有赖于科学决策体制的建立、和谐外部关系的营造和有序内部关系的理顺。

一、优化机制设计

决策体制是决定运行机制是否高效的前提和基础,优化机制高效运行的顶层设计,就是要探索大学决策体制的范围、决策内容以及决策实施等活动,决策体制要服务高校办学定位和大学精神,决策内容要针对大学办学自主权和办学风格等宏观层面,决策实施要配合管理制度和大学章程的具体规定,决策机制要结合高校内部权力运行机制而布置安排。其中学校办学模式和办学水平的确立是决策的核心与前提。

行政化高校管理模式下,大学决策体制是高校政治权力与行政权力统一成高校党委领导下的校长负责制,完全听命于所属政府机构,不论是学校创办、校长任命、高校经费来源乃至高校教学科研等具体决策内容。同时,高校内部决策系统主导高校发展,也是基于科层制的管理模式,实行"校—院—系—室"四层管理,部门负责人实施行政长官负责制,隶属关系明显,实施行政权力运行的组织结构。政府主导的高校决策体制,高校内部运行来自政治权力意志表示,高校内部评价标准和依据也是政治权力价值标准和权力价值依据的再现。我国高校教育创新正是基于创新行政化高校管理决策体制和建立现代大学制度的出发点进行,"探索建立符合学校特点的管理制度和配套政策,逐步取消实际存在的行政级别和行政管理模式"[①]。为了解决党委领导下的校长负责制决策体制带来的政治权力和行政权力泛化,规范权力运行,推行专家治学,鼓励决策参与,需要重构高校内部决策体制。

第一,完善高校党委领导下的校长负责制,高校决策联席委员会和校长负责制两个决策体制。高校党委和校长的民主集中制决策体制可以深化为高校决策联席委员会和校长负责制两个决策体制以避免政治权力和行政权力的混淆和结合。我国高校党委肩负重任,总揽全局,协调各方,统一领导,主要是把握正确的高校办学思路,确定高校办学目标,明确高校办学任务,体现出我国高校的四大职能,实现高校的内涵式发展。高校决策联席委员会是以高校党委为主导,由高校内部各团体和部门的党员构成,职责很明确:遵守

[①]龚放,徐高明.现代大学治理的理性思考与实践探索——龚放教授专访[J].苏州大学学报(教育科学版),2017,5(03):81-90.

大学章程,把握高校方向,抓好大事,做好协调沟通。该委员会不设实体机构,仅设高校党委作为实体组织,负责委员会的召开、组织、成员资格审核、会议发布等具体工作,为高校决策联席委员会服务。不参与、不干涉、不过问高校内部管理,只负责行政权力越权纠正(大学章程)、学术权力与行政权力调和、政治权力问责权行使。我国高校校长作为高校的法定代表人,在高校章程的明确界定下,积极行使行政职权,全面负责高校的内部管理和组织建设。

第二,提升学术权力,体现大学精神。我国高校决策体制的健全与否最重要的课题是培育学术权力的权力地位,成为行政权力的平等制衡权力。学术权力的主体是学者,按照大学章程,保护学者个体学术权力的学术自由,使学者成为自身学术工作的主导者和发起者,不依赖于行政指导,靠市场权力奠定自身学术权威。根据高校章程,建立自我评价和选拔机制,实施扁平化、非集权、松散的自主管理模式,通过学术机构(三会)即学术委员会、学位委员会和教学委员会来主导和行使高校学术权威,实现学术自由。

第三,推动制度创新,树立大学章程崇高地位。民主和法治是时代进步的标志,更是大学发展的基础,建立现代大学制度就是要保证大学的学术自由,营造兼容并蓄、和而不同的学术环境和氛围。大学章程是高校的最高法则标准和权力界定规范,是现代大学制度的最重要载体,也是高校政治权力、行政权力和学术权力的关系和纽带,涵盖信息公开制度、质询制度、人事罢免制度、问责制度、激励制度。针对高校校长负责制下的决策体制,需要遵守依法治校、民主管理,这是社会主义政治文明在大学的集中体现。具体表现为:第一,行政决策主体参与多元化。广泛鼓励高校师生参与学校的发展和建设,使决策科学化、规范化和专业化。扩大高校教师的权利,教师拥有自主治学权和参与决策权等相关权利;要提升学生在高校内部管理中的地位。学生是大学决策的利益相关者,学生应该而且有能力参与决策;适当削弱行政人员的权力。充分吸收校外各界人士参与高校决策,实现大学管理民主化和治理多元化。第二,决策过程参与民主化。推行校务公开,既要公开决策过程,还要公开决策结果。根据大学章程管理办法对凡涉及师生员工切身利益、需要师生知晓以及高校管理规章制度等事项,均应通过高校的网页、BBS、校报、公示栏、微信等媒体媒介及时准确公开。第三,决策反馈沟通协调。建立决策事前意见征集、决策流程沟通、决策意见诉求归集、决策结果反馈改进等机制。保持信息流沟通顺畅和回应解答及时。

二、营造机制外部环境

机制高效运行环境的构建主要着眼于两个关系的处理,一是与政府的关系,二是与社会的关系。和谐外部关系的营造一方面要弱化政府与高校的关系。首先,从高校的本质属性来看,政府与高校的监管与被监管的角色定位需要重新审视。高校是国家教育发展的重要组织,基于高校教育事业的公益属性,政府作为国家的管理机构必须对高校进行监管活动。政府监管权与高校自主权是我国高校教育管理中的一对矛盾体,过多监管势必扼杀高校自主权,过分放权也将难以保证高校发展的正确走向。为了实现政府监管权与高校自主权之间的适度平衡和职责定位,需要弱化政府在高校发展过程中的直接监管权力,转换成契约形式的制衡监管较为合理。

我国高校按照《中共中央、国务院关于分类推进事业单位创新的指导意见》中的事业单位类别划分,承担高校教育等公益服务,划入公益二类。这就意味着高校的公益属性和市场属性需要被同等重视,要发挥市场配置资源在高校教育发展中的作用。在市场经济条件下,我国高校不可能脱离市场而存在,高校中的市场因素已经开始显现,例如,教授聘用的价位已经远远超过政府对高校教授事业单位编制工资的限制。同时,高校也不能被市场掌控,不能完全推向市场,不能失去培养高素质人才的公益目的性。为了保证高校发展不脱离社会主义的方针政策,最终实现国家人才培养计划的国家利益,政府对高校的监管是必要监管。必要监管即由政府直接管理转为间接管理,由微观管理转为宏观调控管理,由严格从属地位管理转为平等契约制衡管理。政府通过明确的权利义务内容来监督约束高校,就可以达到政府与高校的适度平衡。

从高校的发展历程来看,政府与高校的教育行政管理模式需要变革。我国高校教育管理自中华人民共和国成立就沿袭苏联的高度集权的管理模式,同时政府作为高校的出资者和举办者,政府管控沿用计划经济体制传统,加之我国数千年的官本位思想的传承,我国高校行政化是一个不争的事实。我国高校在整个构成和运行方面与行政机关的体制构成和运行模式有着基本相同的属性。我国高校接受政府行政管理的统一模式、统一标准和统一步调,自上而下进行建设和发展,形成了高校办学自主权的本末倒置。高校内部行政人员成为学校运行的核心,教学科研人员丧失了对学校的支配权,导致高校主体出现混乱。

为了确立高校学术权力本位,实现高校行政权、学术权和民主管理权相互制衡和监督,改变高校作为政府附属机构的历史地位,需要转变教育行政管理职能。政府不能使其行政权力触及高校的内部管理事务中,政府需要充分尊重高校的独立主体地位。政府只需要在高校自主权的约束方面进行教育目标、教育质量、人才培养、教育经费等方面进行详细约定。允许高校自主制定教育计划、自主开展科学研究、自主确定内部机构设置和人员、自主管理和使用财产。政府对高校的管理主要职能是制定高校教育发展规划、进行宏观调控、提出指导建议等,不干涉高校内部事务,从而形成合作关系。有的学者认为市场经济环境下国家对高校教育的干预和调控活动是市场调节机制的一个必要补充手段,其目的是完善高校教育的管理体制和运行机制,其性质属于宏观性的第二次调节。[1]

营造和谐外部关系的另一方面是要密切高校与社会的关系。高校作为知识组织,其职能在于通过教学传承知识,通过科研创新知识,通过社会服务应用知识。传承知识、创新知识、应用知识都是服务于学生和社会。塑造学生人性、完善学生人格、培养学生技能从而为社会发展提供智力支持保障是大学的崇高使命。高校的外部运行机制包括政府、家长、社区、教育机构和就业市场等多因素对高校发展和决策的资源交换和流通,在独立政府作为高校产权代理者的身份属性前提下,弱化政府与高校的关系,高校通过何种方式和办法加强其他社会资源的获得和输出成为高校发展的集中指向。

高校与社会的关系在不同的社会发展过程中呈现不同的表征,从农业时代的社会体系之外到工业时代的社会体系边缘再到知识经济时代的社会中心,高校与社会互动发展、渗透结合、共赢共存是源于二者的交集。高校的科技创新和人才优势能够形成产业化和信息化,这恰恰满足了社会自身需求,

---

①浙江大学高教研究所课题组.市场经济国家政府与大学关系的比较研究[J].河北师范大学学报(教育科学版),2000(04):1-11.

在社会区域经济发展、产业科技进步和谋求发展的基础上产生互动。互动的内涵包括合作项目、教育基地、继续教育工程、工程研究中心、远程教育、科技园、绩效技术和管理理念等多方面。高校教育不断适应社会发展的要求是二者互动的动力基础,合作共建联合机构是二者互动的运行保证,通过政治、经济和法律手段进行调控落实。现代社会与高校的关系概括为社会需要和资源输送来满足高校内部发展,高校秉持开放、自由、民主的精神充当社会前进的精神导师。

但是高校与社会的密切联系是建立在高校独立自主办学的前提下,即高校是为社会服务的教学科研中心,不是社会中企业的一分子,高校办学自主权、财政自主权是基于政府投入和问责调控,不会用市场规律来主导高校发展。高校对国家和社会的文化和精神等无形资产以及基础知识研发和社会公共利益至上的教学理念是大学必须坚守的阵地。与此同时,社会对大学的认同和资源投入是有条件的,要求更多的社会参与和决策反馈。

高校与社会这种"若即若离"的良性互动关系可以表述为:"若离"是思想、理智活动的独立和对高校外部运行机制保持相对独立;"若即"是高校与社会密切联系,互融互洽。高校与社会的良性互动主要表现为,一方面,社会是高校的外部环境和基础,高校以社会为存在前提,汲取社会文化和社会资源完善自身;高校的人才培养和科技输出对象是社会,以满足社会需要和人类发展为社会价值追求。另一方面,高校作为社会的中心力量,指导社会体系的健全和完善,同时接受社会体系的适度介入和环境影响。

我国高校教育管理创新中的运行方式需要接纳高校与社会"若即若离"的良性互动关系。高校毕业生要在生源市场、教师市场和院校市场中保持竞争力,高校必然要提高学术质量,采用最有效的学术管理办法,否则就会面临生存的危机。考虑到学术知识的复杂性和动态变化性,在竞争性的学术市场中专业的自我管制仍可能是最有效的保证学术标准的方式。同时社会融合到高校教育的知情选择权、参与权,能够从多层面和多角度参加高校决策和高校管理的具体工作,完成平等地位的参与权,使个人和社会利益与高校团体利益形成利益共同体,促进高校与社会的和谐发展,形成开放、负责、宽容和平衡的互动状态。

三、建构机制内部设计

高校教育管理创新运行方式中的关系理顺中,内部关系是创新成功的重要保证。大学管理根本上是以学术为中心的管理,其目的是促进学术的发展。学术管理的基础是学术思想的自由和探索的自由,发挥学术权力的主导作用,贯彻学术自由、民主管理的原则,在大学内部营造民主的宽松的学术氛围,为科学创造提供良好的学术环境。理顺大学内部关系主要是协调行政权力和学术权力的关系,落实高校办学自主权,遵照大学章程,依赖高校内部合理的机构设置,实现高校善治。本质上来讲,理顺高校内部关系是多中心化治理过程。

第一,健全和完善大学章程。大学章程是高校内部权力运行的法制基础,是大学内部权益相关者制度化规范文件,是大学管理运行纲领性指导。大学章程必须对高校内部政治权力的问责权的行使、行政权力行使管理权的界定、学术权力行使专业权和市场权力行使参与权等相关制度性规定落实,为高校管理创新提供法律依据。第二,优化高校内部决策权力结构,确保学术权力在学术管理中的主导作用。明确三会(学术委员会、学位委员会和教学委员会)的具体职责,行使学术范围内的决策、管理、监督、实施和咨询职能,加强三会组织建设、人才建设、制度设计,依据大学章程坚守学术道义、大学精神以及校训。建立质量为上的学术评价制度,建立公开、透明、公正、严格的聘任、晋升、科研激励制度,让学术管理回归学术本位。凸显严谨求实的学术态度和风气,确保学术评价活动的独立自主评议。第三,完善大学校长负责制,提高行政管理水平。依据大学章程,完善规范大学校长行政权力的行使范围和权限,使其专注于服务学术、服务学生和服务学校的目的。大学校长具有教育管理能力和现代管理能力,行使对大学行政事务的全权处理,接纳吸收市场权力的决策参与咨询、意见反馈,公平处理校务与学术的从属与主体定位纠纷,尊重学术、尊重教授、重视人文建设。促进高校内部组织机构设置扁平化,提升行政管理人员的服务意识和业务技能水平。完善高校人事制度、后勤管理制度、财务管理制度、信息管理制度等行政管理具体制度。

第三章 高校教学管理的信息化改革研究

第一节 高校信息化教学概述

一、高校信息化教学的概念

高校信息化教学是指在现代教学理念的指导下,高校教师充分利用现代信息技术,包括网络技术、计算机及多媒体技术、卫星通信技术等,整合与运用丰富的教学媒体和信息资源,构建良好的教学环境,引导学生积极发挥自身的主观能动性,使学生自觉成为知识和信息的建构者,从而不断提高高校教学质量的过程。

二、高校信息化教学的要素

在高校信息化教学系统中,教师、学生、教学内容和媒体是非常重要的核心要素。在一定的教学环境中,这四个要素相互作用,产生了良好的教学效果。

(一)媒体

媒体因素主要是指现代教学媒体。现代教学媒体是通过利用现代科学技术成果而发展起来的,并被运用到教学领域的电子传播媒体,主要有录音、幻灯、投影、录像、电视、计算机等教学媒体以及这些教学媒体相互组合而成的教学媒体系统,如视听阅览室、微格教学训练系统、语言实验室、闭路电视系统、计算机网络教室、校园计算机网络系统、多媒体综合教室等。

(二)教师

随着现代信息技术的发展及其在教学中的广泛应用,教师扮演的角色也产生了很大的变化,同时面临着新的挑战,要求高校教师在信息化教学环境中要具有相应的教学能力,如掌握现代教学理念、具备信息化教学能力。[1]信

---

[1]赵钊,贺荣戈.慕课时代高校教师面临的角色挑战与应对策略[J].河北工业大学学报(社会科学版),2020,12(02):61-66.

息化教学能力主要包括信息素养(信息意识、信息知识、信息能力、信息道德)和信息化教学设计能力。

(三)学习者

信息技术在教学中的应用为学习者的学习提供了很多便利,同时对学习者提出了更高的要求,主要表现在三个方面。

第一,学习者的学习方式要多样化。在现代信息技术的支持下,学习者的学习方式从过去的被动接受转变为合作学习、自主学习、探究学习等信息化学习方式。

第二,学习者要具备较高的信息素养,能够从大量的信息资源中找寻所需的信息,并对信息进行加工、整理、保存。

第三,学习者要具有自主学习能力。

(四)教学内容

现代信息技术的出现和现代教育媒体在教学中的应用使得教学内容具有新的特征,主要表现为表现形态多媒体化处理数字化、传输网络化、超媒体线性组织、综合化等。

三、高校信息化教学的基本理念

高校信息化教学的基本理念是以人为本,即"以学生为本",该理念主要体现在以下四个方面。

(一)强调学生的主体地位

在高校教学中,大学生是个性丰富,鲜活的、具体的、不断发展的认识主体,是独立的群体和个体,主观能动性很强。在教学过程中,学生的主体性主要表现为主动性、自主性和创造性。

(二)强调学生的主观能动性

在教学中要激发学生的探究激情和学习兴趣,就要尊重学生的个性和特长,促使学生积极参与学习,最大限度地发挥学生的潜能。采用多媒体技术可以提高学生的学习兴趣,促使学生主动积极地自主探究新知识。

(三)从强调积累知识和训练技能转变为学生主动建构

建构主义学习理论认为,知识是学习者在一定的社会文化背景下,借助他人的帮助,通过充分利用相关学习资料,以意义建构的方式而获得的。现在,学习者已经从过去对知识的被动接受转变为主动建构。

(四)强调师生之间的互动交流

师生之间进行多样化的交流,能够缩短师生的心理距离,增强学生的学习兴趣,使学生在学习过程中共享生活经验,完善知识结构,通过社会性学习发展社会性素质。

对于教师来说,暂时放下权威的架子,与学生进行平等的交往,能够帮助自身和学生相互学习,共同提高。

第二节 高校信息化教学设计

一、高校信息化教学设计的概念

高校信息化教学设计指的是在先进教育理念的指导下将现代信息技术充分利用起来,科学安排高校教学过程的各个环节和要素,从而为师生提供良好的信息化教学环境,促进教学过程最优化,进而培养学生信息素养、创新精神和实践能力的过程。[①]

二、高校信息化教学设计的特点

高校信息化教学设计具有以下特点:

1.以建构主义学习理论为指导,但不否定行为主义的观点。行为主义学习理论认为,一切学习过程都是不断尝试,不断发生错误及失败,最后才取得成功的过程。

2.教学过程设计是高校信息化教学设计的核心,在这一环节非常重视学习环境的创设以及学习资源的利用。

3.学习内容为交叉学科专题,强调综合性。

4.以教学单元为教学周期单位,教学单元或者是某章、某节,或者是围绕某一个主题而整合的相关学习内容。依据教学单元内容确定课时,而不是为了完成课时工作量去安排内容。

5.采用探究性学习、资源型学习和合作学习教学模式。

---

①许欢.国内高校在线课程建设理念演化研究[D].重庆:西南大学,2019:45-46.

6.教学评价依据电子作品集,而非终结性考试。

三、高校信息化教学设计的基本模式

高校信息化教学设计的基本模式如图所示。

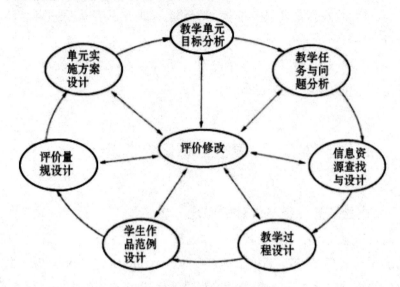

图:高校信息化教学设计的基本模式

在这个基本模式中,教学设计过程如表所示。

表:高校信息化教学设计的步骤

步骤	任务/目标
分析单元教学目标	确定学生通过此教学应该达到的水平或获得的能力
任务/问题设计	根据单元教学目标,设计真实的任务和有针对性的问题
信息资源查找/设计	根据任务和问题以及学生的学习水平,确定提供资源的方式,可以要求学生自己按照学习目标查找资源,也可以提供现成的资源给学生。前者必须由教师设计好要求、目的;后者要求教师寻找、评价、整合相关资源或提供资源列表
教学过程设计	梳理整个教学过程,使之有序化,一般情况下应写出文字化的信息化教案
学生作品范例设计	在教学过程中,如果要求学生以完成电子作品的方式进行学习,教师应事先提供电子作品的范例,使学生为将要完成的学习任务获得一个感性认识

续表

步骤	任务/目标
评价量规设计	运用结构化的评价工具—量规评价信息化学习(特别是电子作品)。量规的设计应当具有科学性,以确保评价的可操作性和准确性
单元实施方案设计	具体实施方案设计,内容包括实施时间表、分组方法、上机时间分配、实施过程中可能用到的软硬件问题等
评价/修改	在教学设计过程中,评价修改是随时进行的,伴随设计过程的始终

四、高校信息化教学设计的要求

(一)创设情境,使学生在真实情境中掌握和运用知识

在传统教学中,往往从具体情境中将知识抽离出来,抽离出来的知识是抽象性、概括性的,虽然这样可以将具体情境中的"本质"内容(概念、规则、原理等)体现出来,但忽视了知识运用的具体性与情境性,这样学生虽然掌握了知识,却在具体的任务情境中或遇到现实问题时无法运用所学知识,学习结果无法顺利迁移到现实中。要使学习者在建构层面掌握所学知识,也就是不仅掌握知识的表面,也深刻理解知识表面所隐含的性质、规律及相关关系,最好为学习者创造真实或接近真实的情境,使学习者在亲身参与中去感受、体会,获取直接经验,而不是从教师的口头讲解中去获取。对此,在高校信息化教学设计中,教师要注重对真实问题情境的创设或对真实任务的设计,使学习者尽可能在真实的情境中完成所有学习活动。这里要注意一点,真实情境与现实情境不同,不一定要真实客观存在,情境有很多种类型,如基于学校的情境、基于自然或社会生活的情境;想象虚拟的情境、真实现实的情境等,在教学中不管是创设哪种类型的情境,都只有一个原则,就是使学习者能够经历类似于真实世界的认知挑战。

(二)利用学习资源为学生自主学习和协作学习提供支持

在高校信息化教学设计中,要提供给学生丰富多彩的信息化学习资源,并在学生获取、分析处理以及编辑加工学习资源的过程中提供引导与帮助,从而为学生的探索学习、分析解决学习中的问题提供支持。有些学生不熟悉信息化学习资源,也不习惯运用,对此教师要加强对信息化资源的普及,不断

鼓励学生使用信息化资源,使学生充分认识到这些学习资源给其自主学习带来的便捷与好处,然后借助现代信息化学习资源来更好地进行自主学习、合作学习。

(三)为学生提供有效引导、支持

高校信息化教学设计强调学习者充分发挥自身的主体作用,主动学习、积极探索,但因为学习者的知识结构还比较单一,认识水平还比较低,也缺乏实践经验,所以在学生自主学习的过程中,教师要适当进行指导。在关键时刻给予帮助,如为学生提供丰富的学习资源、反复示范、为学生提供咨询服务、创设问题情境以启发学生思考与探索等,对于自我调控能力差的学生,尤其要给予帮助。

(四)强调协作学习

高校信息化教学设计要求教师注重对协作学习方式的设计,具体包括学生之间的协作、师生之间的协作、学生与他人之间的协作、各主体之间面对面的协作以及在计算机信息技术支持下的信息化协作等。

协作学习不仅是学习者发展的需要,也是社会发展的需要,因此信息化教学设计特别强调协作学习。现在,社会分工越来越细化,知识增长也极为迅速,需要协作配合才能完成越来越多的工作,所以在现代人才的评价中,将协作意识与合作能力作为一个重要判断标准。

从学习者方面来看,不同的学习者有不同的成长经历和知识经验,面对同一知识或问题,不同学习者的理解可能不同,学习者个人的理解可能是存在局限性的,或者说比较片面、肤浅,不充分,不完善,也有可能就是错误的,而通过协作学习,学习者之间相互沟通交流,每个学习者充分表达自己的看法与见解,同时听取他人的不同看法,在这个过程中学会聆听、接纳、互助、共享,在不同观点的碰撞中更深入、全面地理解知识与问题。

(五)在学习和研究活动中将"解决问题"和"任务驱动"作为主线

在高校信息化教学设计中,不要孤立看待学习,而要将其与更多的问题、任务联系起来,以"解决问题"和"任务驱动"为主线进行学习,学习者主动投入真实的问题情境或人物情境中,以完成学习任务,解决学习问题。教师在信息化教学设计中要多鼓励学生结合现实生活探究学习相关问题,激发学习者的高水平思维,培养学生的高级思维能力。很多学习任务与学习问题背后都隐含着丰富的知识与技能,学生在自主学习或合作学习中探索这些知识与技能,在探索中逐渐掌握并学会运用,这有助于提高学生的探索能力。

(六)强调面向学习过程的质性评价

传统教学设计习惯上将简单的知识与技能作为评价学生学习成果的唯一标准,这在信息化教学设计中是不允许的。信息化教学设计强调在教学评价中应将师生在教学中的所有情况都考虑在内,强调在真实的评价情境下进行评价,主张凡是具有教育意义的过程与结果,都应该对其进行恰当的评价,不论其是否符合预定目标。此外,信息化教学评价还强调对学生学习能力的评价,但不是通过学习结果来评价其学习能力,而是通过其在整个学习过程中的学习行为来评价其学习能力的变化发展,最后做一个评估报告,将此作为改进教学与进一步培育学生学习能力的依据。

第三节 高校信息化教学技术与方法的运用

一、高校信息化教学技术的应用

(一)网络教学机房的应用

网络教学机房也称"网络教室",是集普通的计算机机房、语音室、视听室、多媒体演示室等功能于一体,利用网络和多媒体技术将多台计算机及相关网络设备互联而成的小型教学网络。

在高校教学中,很多教学任务都可以利用网络教学机房来完成。网络教学机房的常见应用形式如下。

1.电子备课

教师在网络机房备课可以解决电子课件制作中资料不足、文件较大、不易移动等常见问题。网络机房有包含大量资源的资源库,教师可在课上灵活调用资源。资源库的资源可以被共享,如学校在服务器中存入购买的教学资源,教师可共同享用。

2.课堂教学

网络机房可有机整合多媒体教学信息,为多媒体课堂教学提供方便。在课堂教学过程中,通过多媒体形式(文本、动画、声音、视频等)对教学信息进行传播,调动学生的积极性。也可在课堂上引入其他直播课堂或教学资源。教师还能利用多媒体课堂教学针对学生进行个别辅导。

3.学生自学

学生能够利用网络机房的学习资源独立完成学习,这个学习环境对学生来说更加开放、自由,学生可以利用共享资源来学习很多新知识。

4.网络测试

教师可通过网络机房组织网络考试,实时了解学生的答题情况,然后利用相应功能来自动阅卷,给学生及时反馈测试成绩,帮助学生分析与处理回答错误的问题,教学效率大大提高。

(二)多媒体课件的制作

多媒体课件是一种在一定理论指导下,根据教学目标设计的,表现特定教学内容、反映一定教学策略的计算机教学软件。它可以帮助教师存储、传递和处理多媒体教学信息,提高教学质量和效率,也可以帮助学习者进行交互操作、开展自主学习和评价,提升学习者的参与度和学习能力。

1.确定课题与明确目标

(1)确定课题

高校教学中一般可以将多媒体计算机辅助教学手段运用到各个学科中,但这种教学手段并非适用于所有的教学内容。某些学科课程内容比较抽象,难以理解,教师难以捕捉某些规律,不易用语言描述,而且需要学习者反复练习等,对于这部分教学内容,在条件允许的情况下有必要实施多媒体计算机辅助教学。

(2)明确目标

确定课题的同时,还必须分析和明确该课题的实施,应当符合教学目标的要求。明确教学目标,特别要注意发挥多媒体的优势,根据教学内容的特点,精心设计、制作多媒体素材,集图、文、声、像于一体的综合表现功能,有效调动和发挥学生学习的积极性和创造性,提高学习效率。

确定课题,明确目标,突出教学重点,攻破教学难点,合理设计教学过程,安排例题和练习,从而制作出有助于突破教学重点和教学难点、并达到预期教学目标的多媒体课件。

2.教学设计与脚本设计

(1)教学设计

教学设计是教学理论和教学实践的中间环节,目的是通过选择合适的教学策略及教学媒体,规划教学活动序列,为学生提供最佳学习环境。

(2)脚本设计

在多媒体课件的制作中,将选定的教学内容编写成思路清晰、内容精练、重难点突出、易于计算机表达的脚本是一个非常重要的环节。脚本是教学设计的具体实现,是教学目标的详细注解,是制作课件的最终依据。脚本设计包括以下两个步骤:

①文字脚本的设计与创作格式:文字脚本的最常见格式是声画式。声画式文字脚本将视觉素材与听觉素材分别对应地列出,即在左边一栏列出视觉素材的内容,如文字、图形、图像、动画和视频等,而在右边一栏列出解说、音响、配乐等对应的听觉素材。

②多媒体脚本的设计与创作:制作多媒体脚本一般也采用表格形式,在制作脚本中要详细列出视觉素材与听觉素材(一一对应)。另外,制作脚本还要清楚表达制作中要用到的技巧。对于较大的课件,其内容和素材较多,有必要绘制逻辑结构框图,以方便制作,避免制作中出现混乱和差错。逻辑结构框图可以清楚地反映教学内容的层次结构、局部与整体的关系、各教学单元之间的关联、编辑程序的节点等。

3.素材采集与程序设计

素材采集:需要采集的素材包括文字、图形、图像、音频、视频等。

程序设计:程序设计是多媒体课件制作最核心的环节。这一环节的主要任务是根据脚本的要求和意图设计教学过程,将各种多媒体素材编辑起来制作成多媒体课件,要达到交互性强,操作灵活、视听效果好等要求。程序设计的步骤如下:

(1)目标分析:确定课件的教学目标及功能要求。

(2)课程调度设计:课程调度有以下三种形式。①菜单式:由计算机提供教学单元目录,让学生进行选择,系统调用相应过程。②程序式:将各教学目标按照一定顺序连接,系统控制运行。③混合式:菜单式与程序式结合,如各章以菜单方式由学生选择,各节则按预订顺序依次进行。

(3)帧面程序设计:常用的控制策略有帧型、生成型和智能型。

(4)界面设计:根据课件的总体结构合理创建用户界面,设计课件每一级的图形人机界面。

(5)交互设计:设计课件的交互功能,以完成教学活动中的人机交流。

(6)导航设计:某些多媒体课件结构庞大、内容丰富,而且素材以非线性的网状结构加以组织,初次使用时难免会"迷航"。为此,应向用户提供必要的导航,以方便使用。

(7)提供帮助:通过帮助菜单全程提供在线帮助,如系统帮助、功能帮助、警告帮助等操作信息。帮助菜单有软件地图、按钮提示、光标导航、弹出式介绍框。

4.运行调试与推广应用

(1)运行调试

制作完多媒体课件后,要多次进行调试、修改,直到完善。这是确保课件质量的最后一关。

(2)推广应用

多媒体课件制作完成后,在正式推广应用之前要进行评价。

课件评价:课件评价包括课件制作人员自我评价;用户评价;设计制作人员、专家、用户代表共同评价。

教学应用:正式推广应用多媒体课件时,要向专业教师介绍课件的特点、使用方法等,充分发挥多媒体课件的作用。

二、高校信息化教学方法的应用

(一)微格教学

微格教学是利用信息化教学技术手段对教师的教学技能进行培训的一种教学方法。一般将微格教学定义为一个有目的、有控制的实践系统,它能使教师集中解决某一特定的教学问题,或在有控制的条件下进行学习。微格教学是建立在教育教学理论、视听理论和教学技术基础上,系统训练教师教学技能的方法。[①]

微格教室的组成包括主控室、微型教室以及示范观摩室三个部分。

主控室包括主控计算机、视音频处理器、硬盘录像机、同步监视电视墙、视频服务器、云台控制器、稳压电源等设备。微格教室中的摄像云台和镜头由主控室控制,在主控室可以监视和监听微格教室的图像和声音;可以录制教学实况以便于课后讲评;可以随时与微型教室进行通话;可以操控多个微型教室的视频录制。

微型教室一般包括摄像机功放、云台、计算机、拾音器投影仪等设备。可以在微型教室呼叫主控室,取得联系;可以自我控制本教室的录播系统;可以设定录播时间和录播镜头;可以任意选择图像输出到主控室的路径。

示范观摩室内装有大型显示设备,通过网络接收其他微型教室的实时教学网络直播,即可实时同步播放教学实习的实况、实现多方位、多角度地教学观摩。微格教学的组织与实施方法如下:

1.理论学习和研究

在微格教学的发展过程中,融入了许多新的教育观念、教育思想和方法,如教育目标分类学理论、师生相互作用分析理论等。微格教学是一种全新的实践活动,学习和研究新的教学理论十分必要。理论学习和研究包括微格教学的概念、微格教学的目的和作用学科教学论、各项教学技能理论等内容。

2.教学技能的深入分析

微格教学的研究方法就是将复杂的教学过程细分为单一的技能,再逐项培训。导师可以根据培训对象的不同层次和需要,有针对性地选定几项技能。对于教师而言,经过微格教学实践可以及早掌握教态、语言、板书等方面的基本技能;对于有一定教学经验的教师来说,可以通过微格教学实践深入探讨较深层次的技能,有利于总结经验、互相交流、提高教学能力,从而提高

---

①岳辉吉.微格教学与物理师范生基本教学技能培养的研究[D].陕西师范大学,2007:11-12.

整体素质。在技能分析和示范阶段,导师要做启发性报告,分析各项技能,同时给学员观看事先编制好的示范录像。

3.适当组织示范和观摩

在提高各项教学技能时,可以提供相关的课堂教学片段,组织学生进行示范观摩。观看录像后引导小组成员讨论分析,达成共识。这样,学员不仅获得了理论知识,也有了初步的感知。

4.进行角色扮演的训练

角色扮演是微格教学的中心环节,是受训者训练教学技能的具体教学实践活动,在活动中每个受训者都要扮演一个角色,进行模拟教学。角色扮演要求扮演"教师"者要真实,按照自己的备课计划,在有控制的条件下训练教学技能。扮演"学生"者要充分表现学生的特点,自觉进入特定情境。

(二)微课教学

微课起源于1960年,当时美国艾奥瓦大学附属学校提出了微型课程,后来可汗学院与TED-Ed将微型网络视频带入人们的视野,这种微型课程教学模式逐渐在教育领域中活跃起来。最近几年来,MOOC等网络课程的出现对微课的发展起到了促进作用。微视频是微课的核心内容,微视频可以说是给学生呈现学习内容的最直接的形式,它的特点主要是目标明确,主题突出;内容短小精悍;情境真实,资源丰富;便于获取、学习。微课程除了具有微视频的特征外,还具有自身的独特性,表现为更新快,便于扩充;关注学习主体的发展。

微课教学是教师将微课的资源整合到日常课堂中,根据学生的学习特点和学习进度,将微课资源与普通课堂相结合,从而实施教学的过程。微课教学设计应遵循动静结合、自主探究的原则,要注意合理设置课程目标、明确教学重难点。

微课教学的实施步骤如下:

1.制作微课程学习视频

在这一环节,应牢牢抓住教学重点和难点,基于对重难点的把握来制作具有趣味性、引申性、互动性的视频(时间大约为5~10分钟)。视频要便于师生互动交流,从而使教师与学生共同改进课程内容。

2.设计课堂学习形式和方法

通过微课教学,可以使学生在课堂上自主探讨和内化,在课外学习丰富的知识,并且有效整合,提高学习效果。

3.评价教学过程

评价教学过程的设计、内容、方法以及成效等各个方面,通过评价及时对微课教学方案进行调整,完善微课教学过程,提高微课教学质量。

第四节　高校教学管理信息化的发展

信息化管理不仅实现了信息资源的快速共享,促进了各个部门的相互合作,也在一定程度上推动了教学管理的规范化。加强高校教育教学信息化管理也有助于提高教学管理的质量。信息化管理让各个部门之间建立了密切的联系,这样既能快速传递信息、上传下达,又能提高教学管理的效率。信息化管理还可以充分实现资源共享,充分考虑外界因素,合理配置教学资源,从而达到既定的教学管理目标。

一、我国高校教学信息化管理的现状

从当前我国高校的发展情况来看,在信息化管理的改革与发展过程中还存在发展不均衡、特色不明显等问题。现代社会是信息化社会,计算机的普及、互联网计划的快速发展意味着高校教学中必须加强信息化管理。从目前我国高校的发展情况来看,信息化管理还不是很成熟,正处于起步发展阶段。我国高校在日常办公、学生日常管理等方面都有各自的一套信息化管理系统和管理手段,但是由于它们相互独立、联系不紧密,因此给提升高校教学信息化管理水平增加了难度。因为各个独立系统表现出的多样性,操作起来相对也比较复杂,这也就导致各个系统不能及时有效地为全体师生提供服务。

我国高校在推行信息化教学管理的过程中采用的措施也是比较落后的,大部分高校没有专门的信息化系统来支撑管理工作,这就阻碍了高校教学信息化管理水平的提升。

二、提高高校教学管理信息化水平的措施

(一)加强高校信息化系统的硬件建设

完善高校信息化系统的硬件设施,能顺利推进高校信息化管理制度的实施,这也是充分发挥信息化管理软件系统各项性能的保证。在一些高校中,由于信息化系统的硬件设施陈旧,导致管理人员无法正常工作,这也就阻碍了高校教学管理的信息化发展。

以教学管理系统为例,早期的人机交互排课、等级考试报名、成绩登录查询等较为低端的信息化管理模式对于服务器的要求并不是很高,因此很多高校基于有限的经费会选择能够满足目前需要的服务器配置。但随着学分制的推行、网上选课和就业跟踪信息等模块的开发,对于服务器的配置要求有了很大的提高,尤其是学生集中选课时,网络并发量骤升的问题直接指向服务器配置过低。[1]因此,为了提高高校教学管理的信息化水平,实现教师与学生之间的信息共享,高校必须适当增加对信息化系统硬件设施的资金投入,更新落后的教学管理配套设施,提高高校教学的信息化管理水平。

(二)完善高校教学信息化管理机制

在建立教学信息化管理系统时,不仅要考虑管理者的需要,也需要考虑信息传递的需要。在保留原来管理系统的基础上,增加信息化管理的功能,从而在统一系统下进行综合管理。要使教学管理系统发挥其最大作用,必须在前期有针对性地对教育管理人员展开调研,并且在使用过程中实时监控系统,根据实际情况进行完善,最大限度地发挥系统的实用价值。在整个教学管理系统的运行过程中,所需要的信息往往都是来源于不同的部门和不同的管理人员,这就需要运用现代数据库技术实现数据的分级存放,提高数据的使用率。

(三)提高管理人员的素质,加强对信息化手段的应用

高校管理人员是高校管理系统的掌握者和操作者。系统能否正常运行,教师能否正常工作,学生能否正常学习,信息能否正常传递,这些都取决于高校管理人员的综合能力。但由于当前高校对管理人员的素质并没有给予高

---

①张岗.提高高校教育教学管理信息化水平的思路探索[J].中小企业管理与科技(上旬刊),2019(09):102-103.

度的重视,在管理人员培训方面投入的资金也有限,同时,相应的考核体系中也没有将管理人员对信息化管理手段的运用能力这一指标纳入其中,因此导致管理人员的信息化意识薄弱。针对这一问题,要提高高校教学管理的信息化水平,就必须重视对管理人员的现代化培养,提高管理人员的信息化素养,使其能够熟练运用信息化手段来进行管理,提高管理效率。

第四章 基于高校教学改革的学生创新能力培养研究——以化学为例

第一节 教学中学生创新能力培养的理论基础

一、基本概念

(一)创新的概念

"创新"这一词最初是从英文 Innovate 或 Innovation 翻译过来的,创新首先在经济学上用的,20世纪初,约瑟夫·熊彼特在《经济发展理论》一书中首次将创新纳入经济学范畴,认为创新是经济增长的主要内生因素。[①]

创新是在原有知识的基础上通过引入新的理念、知识、技术,从而创造出新产品或新事物,并在社会实践的过程中应用,得以实现其价值的过程。

创新这一概念涉及三层含义:1. 新技术、知识、观念或创意的形成、产生或引入;2.利用新技术、知识、观念或创意设计生产形成新的产品或新事物;3.把产生的新事物、新产品应用到社会中,产生经济价值、艺术价值、学术、价值等。

(二)创造的概念

目前学者对"创造"这个术语的描述范围有争论。一部分学者认为创造包括两层含义,第一是产生新事物,第二是这种新事物以前在世界上没有,现在产生是首创,这两个条件缺一不可。这种定义的创造主体只涉及大科学家,被称为狭义的创造。另一部分学者认为创造是主体首次成功地独立做自己从未做成过(也不知别人做成过或知道别人做成功但不知道别人是如何做的)有益于社会发展的事情,创造的主体可以是普通人群或社会精英,被称为广义的创造。[②]

---

①约瑟夫·熊彼特.经济发展理论[M].北京:中国人民大学出版社,2019.

②吴红.发明的含义及其流变[J].科学技术哲学研究,2018,35(05):77-82.

(三)创造和创新的关系

关于创造和创新的关系,也没有一个统一的定论,目前有四种观点。一是"等同说",认为两者没有本质区别,一般情况下两者可以代替使用。二是"不同说",认为两者本质不同,虽然两者都传达"新"意,但却是完全不同的两个概念,创造是无中生有,创造出自然界没有的新事物,而创新是有中生新,是在原有基础上的改进和变革。三是"包含说",分为两种看法,一种认为创新包含创造,创造只是创新的一个阶段,创造是实验室内的科学研究成果,它没有实现社会化和价值化,没有产生经济效益;另一种认为创造包含创新,这些学者把创新当成经济领域里的专有名词,主要描述经济的变革和进步,而创造既可以在经济领域里使用,也可以在其他方面使用。四是"交叉说",认为两者有相同的部分,也有不同的部分,彼此交叉。

(四)创新能力的概念

关于创新能力的研究已经有60多年,学者们研究的角度越来越广,对创新能力的认识也越来越深。到现在为止,对创新能力还没有一个清晰的定义。通过对查阅文献的整理,发现学者主要从创新能力的形成、创新能力的过程、创新能力的结构三个方面来给创新能力下定义。

从"创新能力的形成"这个角度来给创新能力下定义的代表人物是张宝臣,他认为创新能力是通过对学科知识的学习,通过了解本学科前沿理论,借助教材和课外参考资料,形成对个人或社会有价值的新思想、新方法、新观点或新产品。[1]

从"创新能力的过程"这个角度来给创新能力下定义的代表人物是田慧云、安江英,他们认为创新能力的整个过程分为两个步骤,第一步是获取知识,对已经获取的知识加工并能简单利用;第二步是在已有知识的基础上研究最新的成果及思想,最终得出自己独特的见解或发明。[2]

从"创新能力的结构"来给创新能力下定义的学者持两种观点,以黄春林

①张宝臣.高等师范教育改革与中小学生创新能力的培养[J].教育理论与实践,2004(04):40-42.

②安江英,田慧云.我国高校创新型人才培养模式的探索和实践[J].中国电力教育,2006(01):29-32.

为代表的学者侧重于创新知识结构,认为创新的知识结构包括公共基础知识、专业基础知识、方法论知识和各学科交叉的综合性知识。[①]以王家祺、曹颖颐为代表的学者认为创新能力由创新基础知识、创新学习能力、创新思维能力和创新技能四部分构成。[②]

以上三种观点,虽角度不同,但共通的是都强调创新需要系统的知识结构,需要懂创新技法,需要实践。基于以上研究,作者对创新能力的理解如下:创新能力是通过学习基础科学知识,参与专项研究,运用一定的创新技法,产生新思想、新产品的过程。

二、创新能力的构成要素

创新能力是学生综合素质的体现,它由多种要素组成。邓成超认为大学生创新能力主要由创新思维、创新学习和创新操作构成。[③]胥群立足于心理层面指出创新能力包括创新意识、创新思维、创新技能和创新情感。[④]由此可见,目前大学生创新能力的构成要素还没有统一的结论。笔者对查阅的文献进行分析,结合化工专业学生的特点,认为大学生创新能力包括创新意识、创新思维、创新技能、创新知识基础和创新品格五大构成要素。

(一)创新意识

创新意识是指人们根据社会和个体生活发展的需要,引起创造前所未有的事物或观念的动机,并在创造活动中表现出的意向、愿望和设想。它是人们进行创造活动的出发点和内在动力。在化学学习中,学生的创新意识主要表现为有强烈的求知欲望,在学习中能够主动发现问题并主动寻求解决问题的手段。

(二)创新思维

创新思维是思维主体依托大脑皮层区域的活动,以人类特有的高级形式

---

① 黄春林.基于创新人才培养的高校教学管理体制创新研究[D].长沙:湖南大学,2005:26-27.

② 王家祺,曹颖颐.大学生创新能力综合评价研究[J].武汉理工大学学报(信息与管理工程版),2007(08):133-137.

③ 邓成超.大学生创新素质的量质化评价[J].重庆工学院学报,2004(06):164-168.

④ 胥群.浅论培养大学生创新能力的方法和途径[J].黑龙江高教研究,2004(04):146-147.

的感知、记忆、思考、联想、理解等能力的基础,在与思维客体的相互作用过程中,通过发散和收敛、求异利求同、形象和抽象、逻辑与非逻辑等辩证统一的思维过程。

创新思维是创新活动的灵魂,一个具有创新能力的人一定有着活跃的创新思维,如果一个人总是受思维定式的束缚,他就不可能从新的角度发现事物隐藏的矛盾。比如凯库勒发现苯环,有一天他做了一个奇怪的梦,梦见自己长出了尾巴,这条尾巴还被一条大蛇咬住。他醒来并没有觉得这个梦境荒唐,反而冲破已有的现实经验,打破思维定式,合理想象,发现了苯环。

创新思维包括想象思维、直觉思维、逻辑思维、灵感思维和批判思维。在化学学习中,想象思维主要表现为善于借助图形、符号、表格等将难以理解的知识变得生动形象。直觉思维表现为观察力敏锐,对新情况、新问题,可以快速识别和直觉。灵感思维表现为在学习中新想法多,能突然理解某个困惑很久的新知识。逻辑思维表现为善于归纳总结,通过感性知识抽象出新概念,并能用新概念去判别新事物。

(三)创新技能

创新技能是在创新活动进行中创新者能正确处理自己和社会之间关系的一种能力。创新技能包括创新学习能力和创新技巧。创新学习能力包括识别问题的能力、更新知识的能力、检索信息的能力、立异标新能力。在化学学习中,知识更新能力表现为主动关心社会变革、关注科技进步,及时更新、完善自己的知识体系。立异标新能力表现为在课堂上敢于质疑,大胆发表意见,常有新思想产生。

创新技巧是人们根据创造理论和规律总结提炼出来的,能够解决创造过程中的问题,有助于顺利地进行创造的技巧。创新技法有头脑风暴法、集思广益法、戈登法、列举法、移植法、组合法、类比法等。

(四)创新知识

创新知识是指对创新实践活动过程具有工具和手段意义的主体的知识系统及结构。创新离不开科学知识,宽厚的科学知识和合理的知识结构是创新人才必备的首要条件。创新知识是学生进行创新活动的根本保障,没有创新知识做根本,创新能力的形成就成了无本之木、无源之水。

创新知识包括创新基础知识和创新理论知识。创新理论知识是创新知识体系中具有手段意义的知识系统。随着人们对创新学研究的深入，创新理论的知识越来越丰富，目前国内外学者研究出的创新技巧就有300多种，学生在创新能力培养的过程中，有必要对这些理论技巧做深入的研读。

创新基础知识是创新知识体系中具有工具意义的知识系统。对于化学专业的学生，创新知识基础包括外语、计算机、人文等通识性知识、化学学科专业知识和与化学学科交叉的交叉学科知识。

(五)创新品格

创新品格是进行创新活动的保障。创新品格主要包括自信心、进取心、交际能力、语言表达能力、冒险精神、坚强意志。创新的道路上不可能一帆风顺，学生只有具备了优秀的创新品格，才有可能成长为新时代的创新型人才。

三、创新能力培养的理论基础

在校大学生的创新能力是决定未来中国科技发展的核心要素，所以培养大学生创新能力是极其重要的。教学需要理论做指导，但由于学生的个体差异决定了创新能力培养的复杂性。所以在化学教学中要求我们的教育工作者把创新能力培养的相关理论做到深刻领会和熟练运用。按学科分类，我们把创新能力培养的理论基础分为心理学理论、哲学理论和教育学理论。

(一)哲学理论

创新教育的哲学理论依据是马克思主义科学的辩证唯物主义世界观。哲学思维是一种辩证批判性的思维，创新能力的核心要素是具有批判性的创新思维，这两者具有相通性。哲学理论认为发展是任何事物的本质属性，学生的学习是不断发现新的认知矛盾、理解已有矛盾、学会一个新知识的螺旋循环过程，层层提高，得到发展。该理论认为社会意识是由社会存在决定的，所以，学生创新能力强弱与他所生活的社会环境，尤其是学校环境有密切关系。要想培养创新能力，必须要给学生提供具有创新氛围的学校环境和课堂教学。当然，学生的发展不是被动的，必须是在与环境的相互作用中才能提高，高校学生要提高自己的创新能力，必须参与到周围与之相适应的创新活动中，比如科学研究、实践活动。

(二)心理学理论

1.精神分析理论的创造力观

精神分析理论的代表人物是弗洛伊德,他认为每个人都有隐形的潜意识,当潜意识所生成的行为不被社会认可的时候,潜意识就一直隐藏着,当潜意识所生成的行为被社会认可的时候,潜意识就会转变为意识,指导人的行为。[1]每个学生都有求发展、求创新的潜意识,学校和社会要给学生一个良好的创新氛围,当学生知道自己的创新行为会被外界肯定,创新失误不会被他人嘲笑时,学生才能生成创新意识。所以说,任何人的创新意识不是与生俱来的,创新意识的形成需要培养、鼓励。弗洛伊德的精神分析理论使人们的视野从外显的、表层的原因转向挖掘心灵深处的动因,开启了心理现象深度分析的先河。

2.吉尔福特的智力结构理论

该理论认为智力因子制约着人在智力活动中的表现,每个人因生活环境和教育环境的不同,形成自己独特的智力因子。智力因子由三项因素决定,第一,学生接触到的所有信息即思维内容;第二,学生对信息常用的处理方式,是偏重记忆还是善于对所有信息进行比较归类、还是善于从一个问题看到多个现象,即发散思维;第三,信息加工后的形式,有的学生会把信息进行简单归类,有的学生会形成系统的知识结构。该理论认为学生创新智力因子主要取决于信息加工时的发散思维。吉尔福特的智力结构对创造力的探究有一定的局限性,但他为后来学者打开了一个新的视角,在此基础上,许多学者受到启发开始研究学生创新能力的评价指标。[2]

(三)教育学理论

1.加涅的目标教学论

该理论认为教学不是盲目的,在教学过程中,教师应该提前设定预期的教学目标,在教学目标的指导下,进行最优的教学设计,由此才能达到最好的教学效果。学生的学习结果与教师设定的教学目标息息相关,教师只有把创新能力的培养设定在教学目标中,学生的创新能力才有可能提高。所以说,

①西格蒙德·弗洛伊德.梦的解析[M].北京:中国友谊出版公司,2021.

②吉尔福特[M].创造性才能·它们的性质、用途与培养.北京:人民教育出版社,1991.

培养创新能力,第一步先是设定与之相适应的教学目标。

2.孔子的因材施教理论

孔子是最早提出因材施教的教育家,他强调教学中要了解学生的个性,根据个性的特点,采用不同的教学方法,使每个学生的潜能都得到最大限度地开发。一方面,高校学生的心理发展水平与中学生心理发展有很大不同,高校学生心理相对成熟,智力结构、思维方式相对比较完善,有较强的自主性和一定的研究能力,所以,高校教师在教学中,不能再以讲授为主,应该多给学生思考和自主探究的机会,以学生为主体开展课堂教学。另一方面,由于遗传因素和成长环境的不同,每个学生都有自己的个性。个性是创新的基础,也是创新的宝贵源泉,教师在教学中要深入了解学生的个性特点,针对学生的特长制定个性化、多元化的培养方案,使每个学生都能得到最大程度地发展。

四、培养学生创新能力应遵循的原则

原则是以客观规律为基础,用以指导人们从事某种活动的准则。要培养学生的创新能力,就必须先研究培养学生创新能力应遵循的原则。

(一)以人为本原则

以人为本原则指的是在教学过程中要充分尊重学生的主体地位和个性差异,调动学生学习的积极性和主动探究的欲望,激发学生的创造力,使每个学生都能得到自己的最大发展。具体到教学中,需做到以下两点:第一,教师要树立以学生为主体的教学观念,教学的目的不是教会学生多少知识,而是培养学生独立思考、自主探索、学会求知的能力;第二,充分发挥每个学生的特长,个性的自由发展是创新人才成长和发展的前提,要打破千人一面的统一教学模式,根据学生的兴趣、特长、性格、基础等进行因材施教,开发蕴藏在每个学生身上的创造潜能。

(二)实践性原则

实践是认知之本,是获得切实体验的重要途径;实践也是创新之根,是培养创新精神和创新能力的必由之路。马克思主义认识论指出,"实践、认识、再实践、再认识"是人认识事物的基本规律。在教学过程中,多让学生动手,给学生提供获取直接经验的机会。学生只有把自己当成学习活动的策划者,

亲自去实践,才能达到对知识的深刻认识和再认识,才有可能产生创新性的想法。在高校化学教学中,要充分发挥实验的作用,多给学生实习和参加课外实践活动的机会。

(三)教研结合原则

科学研究是培养学生创新能力的最好途径,世界上的任何发明和创造都是科学研究的成果。国外很多高校都把科学研究作为培养本科生创新能力的重要途径。通过教学活动,学生学到系统的科学知识;通过科学研究,学生学会分析问题、处理问题的方法。各高校在教学的同时要给学生提供科学研究的机会,鼓励教师吸收本科生做自己的科研项目,同时,高校要给学生提供多样的课外科研实践活动。

(四)激励性原则

激励性原则,即在创新能力的培养过程中,要注重运用激励性评价策略。哈佛大学詹姆斯教授对人的激励问题做过专题研究,认为如果没有激励,一个人的能力发挥只不过20%—30%,如果施以激励,则可以发挥到80%—90%。评价标准直接决定了教学活动的方向,为了培养学生的创新能力,学校的一切评价工作,都应该体现这一价值取向。在课堂教学过程中,教师要鼓励学生质疑,对于经常有创新见解和想法的学生,要给他的平时成绩加分。考试的试题内容,减少记忆性知识的考核,多增加能考核学生问题解决能力和创新能力的试题。

(五)宽厚性原则

大学生创新能力的形成和发展,必须以宽厚的知识结构为基础,因此,必须坚持宽口径、厚基础的宽厚性原则。问题的创造性解决往往需要多学科知识的协同作用。教学中,首先要体现厚基础的原则,加强公共基础知识、专业基础知识、计算机和英语等工具性知识的教学,强调知识的深度。同时,要体现宽口径原则,打破学科间的壁垒,加强交叉学科间的知识联系,注重综合性知识的教学。规定学生必须选修一定学分的跨学科课程,鼓励学生跨院跨系选课,促进理工交叉,文理渗透,使学生学到的知识变得广博。

(六)个性化原则

科学研究表明,创新能力本身就是人的大脑长期进化的产物,是人类大脑的一种自然属性,它是随着人的大脑的存在而存在,随着大脑的进化而进化。因此,创新能力不是大科学家才具有的能力,它是每一个正常人都应具有的潜在能力。个性是创新的基础,一个人的个性越强,创新能力就越强。在教学中,要尊重个性差异,把个性差异看作是创新的宝贵源泉,因材施教,鼓励学生的个性发展。

五、高校化学教学改革的探讨

(一)把握教材特色,优化知识结构

各个学科都有其特点,不同教材也有不同的特点。工科大学化学的特点是体系新颖,内容精练,联系工程实际,它的课程内容包括三个大的方面:现代物质结构理论、化学反应原理、结构理论等。反应原理着重是材料的选择、使用、加工、保护,能源的开发、利用、环境污染控制等工程技术方面的应用。在教学方法上一定要把这三大方面视为一个相互联系的有机整体,缺一不可。在联系工程实际讲解时要结合专业的需要,合理取舍教材的内容,详其该详,略其该略,优化知识结构。

(二)教学深入浅出,理论联系实际

众所周知,化学概念多,比较抽象,若只是在理论上过分强调化学变化规律,势必不能把活生生的最新化学发现归纳进来。教学是要引导学生用所学的知识去发挥智慧,提高创造力。在课堂上,应把理论的知识与工程实际有机结合起来,并运用深入浅出,形象生动,通俗易懂的方式进行讲解,才能使学生易于接受。因此在教学中,有必要把现实生活中看得到,摸得着的东西结合所学的知识给学生分析透彻,例如:米饭等含淀粉的物质可粘纸是因为它们含有极性基因之缘故;杭州的虎跑泉水,游客在上面小心轻放金属硬币不会下沉是因为泉水的无机盐含量高,表面张力大;硅胶的颜色变化能指示硅胶的干燥能力,以粉红色表示失去干燥能力,蓝色则表示恢复干燥能力,其原因是$CoCl_2$有无结晶水所致;不锈钢在Cl^-的介质中,远不及普通钢材耐蚀,故不用在造船上;聚乳酸虽不耐酸解、水解,但在医学上却能发挥其长处,用于外科缝合线,伤口愈合后不必拆线。以上的举例,有的可引出计算方法,有的则让学生学会凡事要一分之二看待,通过活生生的实例,使学生掌握一些基本要领。

除此之外,还将学生很少见到的,而与化学相关的前沿科学也向他们介绍,以扩展他们的知识面。例如:CaO被誉为20世纪90年代的明星分子,它开辟了化学、物理学和材料学的全新领域;CaO可使罐头食品加热。这些贮能方法就是所要学的焓变的计算;用于航空事业的燃料电池,用于埋藏式心脏起搏器及助听器等小型装置的电池,属碱性电池,改变了以前仅有的酸性电池的概念,等等。

另外,还联系书本上的知识讲解如何去解决工程技术中的实际问题,例如:运用溶度积规则去处理工业废水及消除锅垢;利用溶度参数,来选择高分子材料的溶剂,用于粘接、抗溶、修补等;银配离子可用于照相技术,以$Na_2S_2O_3$作定影剂洗去嗅胶版未曝光的$AgBr$;银配离子还用于环保方面,处理含氰废液等。

通过以上种种讲解,使学生再也不觉得化学枯燥、难懂、离我们很远,而是出现在我们日常生活、工作中,用所学的知识去解决工作中的实际问题,从而让学生认识到化学学习的必要性,激发了学生的求知欲望,这就是突出理论联系实际的教学方法带来了好的学习效果。

(三)从单向灌输到双向提问

课堂上教师和学生实际上是一个有机的整体,教学应是双向过程,而不是教师单向向学生的传授。学生在听课时有种种心理活动,心理变化,单向接受灌输容易疲劳,时间一长,再好的内容也不能完全保证学生的注意力集中。教师如何引导学生围绕教师的思想,发挥教师的主导作用呢? 除了教师不断积累丰富的学识和尽可能地充分表述外,上课时还要注意观察学生的表情,发现学生的表情变化。例如看到较多的同学出现疑虑表情时,就需要把所讲内容再重复解释一遍,或指出一个与之相关的,能起到阶梯作用的思考题,让学生思考,再做出解答。这还仅仅是单向的一面。另外,我们说教与学是双向的,就是要使学生的思维不局限于跟着教师,一定的时候,提出几个问题,让学生用已学过的知识回答,或同学之间进行讨论,这样既活跃了课堂,也起到了已有知识深化的作用。从学生的讨论中,教师也可以了解学生们知识掌握的情况以及理解问题的能力,便于调整自己的教学方法,正确引导学生。所以教学是双向的,教师是主导,同时也要求学生积极参与其中,使整个教学变得有益有趣,其乐无穷。

(四)开展多媒体教学,使知识直观生动

多媒体组合教学是日益受到重视的教学方式之一,即利用声音图像为主的多种媒体,根据教学内容和目标的需要,配合教师的课堂讲解,使传统的教学方法(黑板、挂图、模型等),与现代教学媒体—电化教学、计算机辅助教学CAD等优化组合,互为补充,从而改变了板书讲授的单一性,扩大了教学信息传输量,激发学生的兴趣,有助于提高学习效果。

(五)改革化学实验教学,以提高学生分析和解决实际问题的能力

化学是一门实践性极强的学科,但长期以来化学实验的开设都是沿用实验教材上所设置的内容,多偏于一些验证性实验。为了培养学生的动手能力,可将实验分为两个部分:一部分为验证性实验,训练学生化学实验的基本技能和掌握相关知识;另一部分则为综合性实验,如选用部分工业产品、天然样品做分析或制备,提前将实验内容布置给学生,让学生从查阅资料,拟实验方案,准备试剂仪器,到完成实验操作,处理好数据,交出实验报告等全过程,这有助于培养学生独立进行化学实验,产品开发及一般科学研究等方面的基本能力。

由于化学理论及应用的飞速发展,对我们教师也提出了更高的要求,要适应改革的需要,就必须提高自身的业务素质,知识更新,参与化学在工程技术中应用的实践,才能更好地教学,提高工科大学化学的教学质量。

第二节 高校教学中学生创新能力培养的调查

笔者选取西北民族大学化学工程与工艺专业学生为样本,通过问卷调查和面对面访谈,了解目前高校化学教学中学生创新能力培养方面存在的问题及问题产生原因,为以后高校化学教学探究出有效的创新能力培养策略提供依据。

一、学生创新能力现状的问卷调查

(一)问卷选用

选用尤金主编的《创新能力测试问卷》。

(二)调查实施

2021年12月对甘肃省某大学化学工程与工艺专业大一和大三的学生进行了问卷调查,问卷共发放200份,收回196份,回收率为98%。其中有效问卷为193份,男生102人,女生91人,有效率为98.5%。

(三)高校化学教育中学生创新能力现状问卷调查分析

1.学生创新能力整体分布分析

根据笔者调查显示:化学工程与工艺专业学生创新能力整体不佳,创新能力较弱和一般的学生分别占20.2%和37.3%,两者之和为57.5%,占去了一多半;创新力很强和比较强的学生比率总共为39.9%;创新能力非凡的学生只占2.6%。

2.不同年级学生创新能力差异分析

根据笔者调查显示:化学工程与工艺专业大三学生整体比大一学生创新能力高,大一学生创新能力一般和较弱的学生总共为33.2%,高于大三学生的24.4%;同时,我们可以看出,大三学生创新能力非凡、很强和强的学生的比例总共为24.9%,高于大一学生的17.5%。经过两年大学课程的学习和大学校园环境的熏陶,大三学生在创新思维、创新意识以及创新品格方面都有明显的提高,这说明目前高校学校的环境氛围和高校化学教育对学生创新能力的培养有一定的积极作用。但是就目前的分析来看,大三与大一的学生相比,创新能力突出的不是很明显,说明目前化学教育对学生创新能力培养的促进作用不明显,需进行改革和完善。

3.学生成绩对创新能力的影响分析

依据学生考试课程平均成绩把调查样本分为四个级别:平均成绩大于90分的为优,平均成绩在80到90分之间的为良,平均成绩在70到80分之间的为中,平均成绩小于70分的为差。

据笔者调查,平均成绩优秀的学生整体创新能力很强,并且,创新能力非凡的学生大部分是平均成绩优异的;平均成绩良好的学生总共占总人数的

54.4%，有27.5%和18.1%的学生创新能力一般和较强，只有2.6%的学生创新能力较弱；平均成绩中等和较差的学生创新能力较弱。可见，学习成绩对学生创新能力有较大的影响，平均成绩优的学生各方面发展均衡，整体创新能力较强。平均成绩中等或较差的学生，有的是各门课成绩都不突出，有部分是某门课成绩太弱，出现偏科现象，导致整体发展不均衡，间接影响到创新能力。因此，要提高学生的创新能力，不能忽略基础课的教学。

4.课外创新实践活动对学生创新能力的影响

西北民族大学为学生提供了许多课外创新实践活动，如全国大学生英语比赛、全国大学生数学建模比赛、全国机器人大赛、本科生科研项目立项、学校大学生创业计划竞赛、大学生实践创新基地标志征集大赛、全国大学生节能减排社会实践科技竞赛等。在收回的193份有效问卷中，有12人参加过三次以上的课外创新实践活动，有95人参加过1到2次的课外创新实践活动，有86人没有参加过课外创新实践活动。

根据笔者调查显示，参加过超过3次课外实践活动的12名学生中，有92.3%的学生的创新能力比较强，7.7%的学生创新能力一般，没有学生创新能力较弱；参加过1次或2次课外创新实践活动的95名学生中，有67.4%的学生创新能力较强，26.3%的学生创新能力一般，6.3%的学生创新能力较弱。整体分析来看，参加过1次或2次创新实践活动的学生创新能力明显低于参加过3次以上课外创新实践活动的学生。

对于没有参加过课外创新实践活动的86名学生中，分别有53.5%和38.3%的学生创新能力一般和较弱，只有8.2%的学生创新能力较强。由此可见，课外创新实践活动对学生创新能力的影响很大，在以后的化学教育中，教师应该多鼓励学生参加课外创新实践活动，同时，学校也要多创造更多的条件、提供一些激励政策，让更多的学生参与到课外创新实践活动中。

二、高校教育中学生创新能力培养现状问卷调查

(一)问卷2《高校化学教育中学生创新能力培养现状调查》设计思路

问卷2《高校化学教育中学生创新能力培养现状调查》分为五部分，第一部分调查学生对创新能力的认识及重视程度；第二部分从学生角度调查教师在化学教学中对学生创新能力培养的状况；第三部分调查学生对目前高校课

程设置的满意程度;第四部分调查学生参与课外创新实践活动的情况;第五部分调查目前高校化学教学的考核方式。

(二)问卷调查实施情况

问卷2《高校化学教育中学生创新能力培养现状调查》与问卷1《创新能力测试问卷》的样本相同,依然选取甘肃省某大学化学工程与工艺专业大一和大三的学生在2012年12月进行问卷调查,问卷共发放200份,收回197份,回收率为98.5%。其中有效问卷为192份,有效率为97.5%。

(三)高校化学教育中学生创新能力现状问卷调查分析

1.高校学生对创新能力的认识及重视程度调查分析

题目一:你认为自己的创新能力如何?

选择很好的人数有3人,占比1.6%;

选择较好的人数有25人,占比13.0%;

选择一般的人数有89人,占比46.4%;

选择较差的人数有75人,占比39.0%。

题目二:你认为影响自身创新能力的主要障碍是什么?

选择性格拘谨的人数有29人,占比15.1%;

选择从众心理的人数有47人,占比24.5%;

选择害怕困难的人数有42人,占比21.9%;

选择畏惧权威的人数有14人,占比7.3%;

选择缺少激励政策的人数有60人,占比31.2%。

题目三:教师要培养学生的创新能力,你认为下列哪方面最重要?(最多选3项)

选择创新技巧的人数有104人,占比54.2%;

选择信息搜集能力的人数有62人,占比32.3%;

选择基础知识的人数有41人,占比21.4%;

选择操作技能的人数有52人,占比27.1%;

选择好奇心和兴趣的人数有53人,占比27.6%;

选择多向思维能力的人数有87人,占比45.3%。

根据笔者调查数据显示,分别有46.4%和39.0%的化学工程与工艺专业的学生分别认为自己的创新能力一般和较差,说明有85.4%的学生对自己的创新能力不满意。从上面的第3题可以看出,学生创新能力差的主要原因是不懂创新技巧、没有多向思维能力,缺少必要的信息搜集能力,从第2题可以看出近乎三分之一的学生认为学校缺少必要的激励政策,参不参加对成绩不会有太大影响。我们还可看出造成学生创新能力不佳,有很大一部分是心理原因,比如说从众心理、害怕困难、畏惧权威,这提醒教育工作者应该多与学生进行交流,疏导学生的心理障碍。

2.高校教师在化学教学中对学生创新能力培养的现状调查分析

题目四:在专业课或实验课教学中,教师是否注重方法讲授,引导学生从多个角度思考和解决问题?

选择教师做得很好的人数有58人,占比30.3%;

选择教师做得不够的人数有129人,占比67.4%;

选择从没有的人数有4人,占比2.3%。

题目五:在教学中,教师采用讨论式、交互式、启发式等新的教学模式多吗?

选择非常多的人数有34人,占比18.1%;

选择比较多的人数有69人,占比36.2%;

选择比较少的人数有88人,占比45.7%;

选择从没有的人数有0人,占比0。

题目六:教师是否将最新的研究成果或自己的科研与课堂内容相结合?

选择经常的人数有110人,占比57.8%;

选择很少的人数有76人,占比39.4%;

选择从未的人数有5人,占比2.8%;

选择完全将科研代替教学的人数有0人,占比0。

上述三个题分别从教学模式、教学方法、教学内容三个方面调查目前高校教师对学生创新能力的培养状况。由表中可以看出大部分教师经常在教学中渗透最新的科研成果,有67.4%的学生认为教师会在课堂中注重启发学生思维,引导学生从多个角度思考问题,但做得还是不够。这说明高校教师很注重学生创新能力的培养,但由于目前的大学教学主要以大班教学为主,教学内容太多,课时太少,所以大部分教师很少在课堂上设计一些互动的,能激发创新能力的教学环节。

3.学生对目前高校课程设置的满意度调查分析

题目七:学校的实验课现在开展得怎么样?

选择收获不大的人数有52人,占比27.1%;

选择实验课太少的人数有32人,占比16.8%;

选择实验课用具太少的人数有18人,占比9.2%;

选择实验课培养了动手能力的人数有90人,占比46.9%。

题目八:你是否希望学校经常开设一些创新理论方面的讲座或选修课?

选择非常希望的人数有68人,占比35.2%;

选择和自己没关系的人数有80人,占比41.6%;

选择不想的人数有44人,占比23.2%。

题目九:你认为目前的课程设置对于培养学生的创新能力作用大吗?

选择很大的人数有6人,占比3.1%;

选择较大的人数有85人,占比44.1%;

选择较少的人数有88人,占比45.9%;

选择很小的人数有13人,占比6.9%。

根据上面调查数据显示,有46.9%的化学工程与工艺专业学生认为通过实验课培养了自己的动手能力,有47.2%的学生认为目前学校课程设置合理,选修课丰富,能促进自己创新能力的发展,这说明目前学校的课程开设是基本符合创新能力培养的要求。但依然有27.1%的学生反映目前的实验课教学方法单一,自己的收获不大。有45.9%的学生觉得课程设置对自己创新能力的培养帮助不大,交叉学科的课程太少,导致自己在课外实践活动中困难重重。

4.高校学生课外创新实践活动的参与程度及感受调查分析

(1)学生课外创新实践活动的参与程度分析

题目十:你觉得学校提供的课外创新实践活动多吗?

选择非常多的人数有47人,占比24.7%;

选择一般的人数有75人,占比39.1%;

选择不多的人数有70人,占比36.2%;

选择没有的人数有0人,占比0。

题目十一:你会参加实验室开放项目或创新计划训练项目等一些课外创新实践活动吗?

选择参加三次以上的人数有12人,占比6%;

选择参加过1—2次的人数有94人,占比49.17%;

选择没参加过的人数有86人,占比44.83%。

题目十二:如果你不想参加课外创新实践活动,不想参加的最大原因是什么?(多选)

选择知识匮乏不自信的人数有72人,占比37.5%;

选择课程任务太多没时间的人数有50人,占比26.1%;

选择缺乏指导的人数有82人,占比42.9%;

选择查找资料困难的人数有54人,占比28.0%;

选择觉得拿不到名次的人数有32人,占比16.8%;

选择不懂得研究方法的人数有64人,占比33.7%。

题目十三:如果你参加过课外实践活动,你遇到的最大困难是什么?

选择相关知识匮乏的人数有74人,占比38.3%;

选择没有教师指导的人数有45人,占比23.4%;

选择经费缺乏的人数有38人,占比19.6%;

选择查找资料困难的人数有36人,占比18.7%。

根据上面调查数据显示:有近乎一半的化学工程与工艺专业学生没有参加过实验室开放项目或创新计划训练项目等课外创新实践活动,一方面因为学校提供的实践活动不多,学生参加的机会少,另一方面因为学生觉得自己知识匮乏,查阅资料困难,又缺乏必要的指导。另外参加过实践活动的学生中有超过三分之一(38.3%)的学生觉得自己相关知识匮乏,可见,在以后的教学中,需要加强理论知识和创新理论知识方面的教学。

(2)学生课外创新实践活动的感受分析

高校教师在指导学生课外创新实践活动时更侧重于基础知识和研究方法的指导,对学术道德和科学精神方面指导得较少。我们可以看出学生希望指导老师能为自己提供更多地参与创新活动的机会和条件,同时学生也希望老师能给予自己研究方向的引领和研究方法的指导,这间接反映出两个问题:一是目前学校的创新实践活动还是太少;二是学生在科学研究方法和创新技巧方面的知识太匮乏。

5.目前高校化学教学中考核方式的调查

题目十四:你认为什么样的考核方式最能考查学生的创新能力?

选择撰写论文或报告的人数有54人,占比28.3%;

选择现场展演的人数有31人,占比16.3%;

选择实验竞赛的人数有70人,占比36.2%;

选择获奖多少的人数有33人,占比17.4%;

选择其他的人数有3人,占比1.8%;

题目十五:你认为参加科研项目或创新实践活动会影响你的期末成绩吗?

选择会的人数有99人,占比51.6%;

选择不会的人数有93人,占比48.4%。

根据调查数据显示,有51.6%的化学工程与工艺专业学生认为参加科研项目或创新实践活动会影响期末成绩,第14题调查结果显示学生对创新能力的考核方式意见分歧比较大,值得一提的是在第15题选项中,有的学生填上了开卷考试,这说明学生在作答时对问卷进行了思考,态度很认真。就两题的结果分析,目前高校的考核方式比较单一,学生期望通过多种考核方式评价出学生真正的创新能力。

四、高校教育中学生创新能力培养存在的问题

创新能力是一个国家综合国力最重要的软实力,通过问卷调查和访谈分析,目前大学生整体创新能力不佳,大部分学生对自己创新能力不满意。目前,高校化学教育培养学生创新能力仍然存在一些问题。

(一)课程设置有待优化和改善

根据调查分析,部分学生觉得自己交叉学科的知识薄弱,大部分学生不懂创新技法和技巧,没有掌握严谨的科学研究方法,导致自己在参加创新实践活动时有困难。实验课是化学课程的基础,有学生反映实验课上按老师的

要求操作一遍,培养了动手能力,但其他方面收获不大。因此学校应基于实际情况,结合学生的期望,优化和改革当前的专业课程和实验课程,合理调配必修和选修课程。

(二)课外创新实践平台有待完善

据调查,大约有一半的学生没有参加任何课外创新活动和比赛。课外创新实践活动对学生创新能力的培养有非常重要的作用,它像一座桥把课堂和生活联系起来,教会学生把课内学到的知识应用于实践,对开阔学生思维、涵养学生品格、磨炼学生意志至关重要。虽然目前学院和学校举办的竞赛和创新实践活动多种多样,但学生人数比较多,平均给每个学生的机会很少。所以,学校和学院应改善目前的创新实践平台,使更多的学生都有机会参与,通过实践锻炼提高自己的创新能力。

通过走访发现,目前学校设有大学生创新实践基地,创新基地一共有社会调查工作室、心理咨询工作室、创新思维培训工作室等22个工作室,22个工作室对学生的创新实践活动起到了积极作用。不少学生反映,这些工作室的负责人和值班人员主要是在校大学生,缺少专业老师的指导,高年级的学生根据自己的知识和经验指导低年级的学生。为了使学生的创新能力得到更好的提高和培养,应采取一定措施,提高大学生创新实践基地的运作和管理模式。

(三)教学模式和方法单一

根据调查分析,大部分高校教师都有培养学生创新能力的意识,在讲授专业知识的时候都会或多或少渗透与本节知识相关的前沿科学研究成果。然而,大多数的学生反映,教师很少把讨论式、启发式等多样的教学方法引入课堂,一般是教师讲学生听。造成这种现象有客观原因,目前是大班教学,教学任务大,课时少,教师没更多的时间开展多样化的教学模式。创新能力是建立在系统的科学知识体系基础上的,专业知识的教学很重要,但是,高校的职责不仅是传承知识,它还承载着为国家培养创新型人才的重任。教师尽可能让学生参与到课堂教学中,多调动学生的积极性,丰富自己的教学模式,从多方面启发学生的思维。

（四）高校现行评价的方式不利于创新能力的培养

根据调查分析,目前高校评价方式主要还是以笔试成绩为主,注重记忆性知识的评价,忽略学生分析问题、解决问题的能力以及创新思维评价,没有人去关注这个学生的创新能力如何。有一半的学生认为参加创新实践活动对自己的成绩评定影响不大,还占用学习专业课的时间,有的学生干脆选择不参加。这样的评价方式不利于学生创新能力的培养,有必要改革完善。

（五）高校实验课程发挥不出培养创新能力的积极作用

根据调查分析,大部分学生反映实验课能培养自己的动手能力,有近乎三分之一的学生觉得在实验课上按老师要求做一遍,收获不大。高校化学教育对学生创新能力的培养,有着其他学科不能比拟的优越条件,是因为化学是一门以实验为基础的学科。如果学生实验课仅仅是按老师要求做一遍,锻炼操作技能,那化学实验就失去了它的真谛。任何发明和创造都来自实验,高校化学教育工作者应该尽可能让实验发挥出它在培养学生创新能力方面的积极作用。

（六）教与学的观念需要转变

根据调查分析,教师在课堂教学中主要以学科为中心传授专业知识,学生在学校也是把大部分时间都用来学懂专业知识。目前,知识更新非常快,大学不可能教会学生终身所有知识,所以,在教学中教师要转变教的观念,不是只教专业知识,更重要的是教学生获取知识和问题解决的能力。学生的学习观念也要转变,学生学习不仅仅是为了传承知识,更重要的是要用知识去改善生活,造福人类,使文明得到革新。

第三节 基于高校教学改革的学生创新能力培养实践

一、改善课程的体系,优化教学的内容

课程体系是进行教学的基础,直接影响到学生的创新能力培养。普通高校,以西北民族大学为例,根据《西北民族大学学分制实施方案》,西北民族大学的课程设置分为课内课程体系和课外指导体系。课内体系按照"平台+板

块+模块"的结构形式设置。包括通识平台、学科平台、专业平台、实践创新平台,每个平台下面有若干板块,各板块下面有若干模块。课程体系中按照全部必修课学分约占70%、选修课学分约占30%的标准设置。课外指导体系的内容主要包括专业教育、文献检索、学术讲座、实践创新辅导、创业教育、素质拓展训练、心理健康教育等。课外指导不计学分,不计入总学时。

学生的创新能力是以良好的知识系统做基础的,知识系统里不仅包括学科知识和专业知识,还要具有良好的通识知识和创新理论技巧知识。目前普通高校的课程设置存在下列问题:一是选修课学分占整个课程学分的比例太少,只有30%,而且,目前的选修课侧重学科知识和专业知识的选修,实践创新模块的选修、通识课的选修占据的比例非常小。二是注重学科的课程体系,给学科和学科之间筑起无形的壁垒,造成学生的知识面越来越窄。学生在选课时都是在自己本学科和本专业范围内选课,不能跨越学科的界限。三是缺少创新理论知识和技巧的课程,从调查中我们发现大部分学生不懂创新技巧和正确的科学研究方法,这也是阻碍学生创新能力培养的关键因素。

要培养创新能力,必须建构新的课程体系,具体策略如下:

(一)打破二级学科界限,构建大学科教学平台

培养学生的创新能力,不是某一门课程或某一项实验能够完成的,它是一项整体的系统工程,必须通盘考虑整个教学体系。所以,按二级学科标准进行划分的专业课程的体系,不利于学生创新能力的培养。

比如,中南大学为了克服传统化学课程内容多、课时少、各学科界限明显、各学科内容重复的弊端,设置了新的大化学课程体系。大化学课程体系将无机化学、有机化学、物理化学、分析化学四大基础化学相互融合。构建包括理论化学、检测化学、反应化学、化工原理的大化学平台。理论化学的教学以教师讲授为主,检测化学和反应化学的教学以自学为主,化工原理的教学以实践为主。

中南大学对实验课程体系的改革也走在前列。为培养学生的创新能力,中南大学构筑了三个层次的实验教学平台。第一层次是化学基础实验平台,培养目标是让学生掌握化学实验的基本操作,会制备典型的物质、验证最基本的化学原理、接触现代分析仪器。第二层次是化学科学综合实验平台,培养目标是学生运用已经掌握的知识能设计简单的实验方案。第三个层次是化学创新实验平台,设有20个开放性实验,学生可以根据自己兴趣选修,获得相关课外学分。也可以提出新的课题由负责老师审核是否可行。

这样的课程打破了二级学科的界限,以一级学科整合课程内容,在更高平台上帮助学生深入理解化学各分支学科间的本质联系,对创新能力的培养有积极作用。

(二)改革教学内容,体现教学内容的精简性和时代性

1.把部分必修内容放入选修课,实现教学内容的精简性

目前我国高校的化学教育中,像物理化学、无机化学、有机化学等课程,要求学生掌握的内容多且深,学生难以靠自主学习方式达到对知识的理解和吸收,主要依赖课堂上老师的讲解,教师为了让学生听明白,不得不讲得很细,导致没有更多时间去启发学生思维,开展课堂讨论。这不仅使教师的工作量变大,而且严重影响学生的自我探索和创新能力生成。

所以要培养学生的创新能力,必须先改革教学内容,实现教学内容的精简性。高校化学教学中,应根据专业特点,在不影响课程知识框架的前提下,把基础化学的部分内容放入选修课,减少必修课的教学内容。这样,学生有更多时间进行自主学习和思考,教师在课堂上也会有充裕的时间采用讨论式、交互式等新的教学方法。

案例:《有机化学》教学内容的优化。

把有机化学的内容分为必修和选修两部分。

必修内容:有机化合物的结构理论,酸碱理论,电子效应,有机反应中的热力学与动力学,烷烃和环烷烃,立体化学,卤代烷与有机金属化合物,烯烃,炔烃和二烯烃,共振论,苯和芳香烃(结构及稳定性、共振论和分子轨道理论对芳香性的解释、芳香族亲电取代反应及其机理、定位规律、多环芳烃),醇、醚和酚。

选修内容:羧酸(命名、结构、电子效应对酸性的影响、制备、反应、取代酸),羧酸衍生物(命名、结构、制备、反应),含氮化合物(命名、结构、制备、反应、重氮盐在合成中的应用),缩合反应(MannichC反应、Wittig反应、安息香缩合反应及其他碳负离子反应),周环反应(电环化、环加成、前线轨道理论),杂

环化合物,糖,氨基酸,蛋白质,核酸,有机硫磷化合物,萜类甾族生物碱。

2.时时更新教学内容,体现教学内容的时代性

目前,知识更新的速度很快。高校教师在化学教学中,不能再以一本固定的教材开展教学。而应让自己的教学内容活起来,把最新的科研成果或自己的科研项目与教材紧密结合起来,在课堂教学中介绍与本节内容相关的最新科研成果,或根据学生的认知水平把自己的科研项目加工之后转化为教学内容。让自己的课堂内容时时有新意,为学生打开一个广阔的学术视野。

(三)开展多样的选修课,促进学生的个性发展

倡导和推行创新教育的今天,高校应该注重学生的个性发展,使在各个方面有偏材、怪材的学生都能得到潜能的最大开发。高校在选修课的开展上,要门数多,领域广,体现多样性。这样能保证学生获取多方面的知识,学生可根据自己的兴趣和特长选择自己喜欢的课程,发挥自己的专长。为了培养学生创新能力,广泛开设选修课目前已成为各国课程改革的趋势,如法国大学的本科教育,学生的选修课程高达整个课程比例的40%到60%。化学教育中应该增加化学发展史等类似的选修课,丰富学生本专业的知识,学生在学习化学发展史这门课时能深刻体会到化学知识的传承和创新,激发学生的创新欲望。

同时要放宽学生在选修时的自由度,要打破专业和学院甚至年级的划分界限,学生既可以选择化学学科平台和专业平台的选修课,也鼓励化学专业的理工科学生选择社会科学的选修课。这样使自然科学与社会科学之间可以相互渗透,使理工科学生涵养了人文素养。

(四)把创新理论课程纳入高校的必修课体系

《中华人民共和国高等教育法》指出:"高等教育的任务是培养具有创新精神和实践能力的高级专门人才,发展科学技术文化,促进社会主义现代化建设。"①学生要去创新,科学的创新理论知识必不可少。所以把创新理论课程纳入高校必修课程迫在眉睫。创新理论课程应该像大学英语、马克思主义的基本原理一样纳入高校通识平台的课程中,在大一开设,让学生刚入大学校门就重视自己创新能力的培养,学会创新基本理论和科学的研究方法,为

①中华人民共和国高等教育法[N].人民日报,2016(03):16-17.

后续的创新学习奠定一个基础。

二、建立教学创新实践基地

西北民族大学有专门为学生创新实践活动服务的大学生实践创新中心，大学生实践创新中心一共有22个工作室，分别为：中心多媒体教室、食品安全工作室、社会调查工作室、项目工作间、心理咨询工作室、系统设计工作室、电子设计工作室、电子商务工作室、英语演讲工作室、数学建模工作室、航模工作室、创新思维培训工作室、公共关系与策划工作室、音乐制作工作室、广告设计策划工作室、节能减排工作室、平面设计工作室、新传媒工作室、动画设计工作室、文学创作工作室、机器人工作室、创业教育教研室、信息传播研究工作室、创业与风险投资工作室、国学工作室。

学校举办的课外创新实践活动丰富多样，有全国英语比赛、全国数学建模比赛、全国机器人大赛、大学生创业计划竞赛、学生的实践创新基地标志征集大赛、全国大学生社会实践活动，节能减排技术比赛、开放实验室项目等。

通过前面的问卷调查分析，学生在大学生实践创新中心的帮助下，通过参加学校的课外创新实践活动，极大地增强了自己的创新能力。为了提高化工专业学生的创新能力，充分发挥实验在培养学生创新能力的积极作用，培养宽口径和实用型的有用人才，化工学院可以根据学院特色建立化学创新基地。通过建立"一个基地"、在"一个平台"上、在"多方支持"下开展化学创新课外科技活动，所谓"一个基地"，即是将对化学感兴趣大学生（这些学生可以是化学专业，也可以是其他专业）吸引到化学创新基地，在教师的指导下，学生自由组成化学创新课外科技活动小组，开展课外科技活动，以学生自我管理为主、教师指导为辅；"一个平台"是指为提供包括活动经费、场地、设备、耗材及指导教师的物质基础条件；"多方支持"是学校的相关部门学院、实验室等给予包括活动经费、场地、设备、耗材及指导教师等方面的大力支持。化学创新基地应该建立在学院化学实验室基础上，拥有专门的指导老师，具体作用如下：

（一）定期开展创新案例系列讲座

创新案例是文化发展的缩影，创新案例系列讲座是一种针对性强，形式活泼的创新能力培养方式。邀请专家讲解化学学科的最新研究成果和社会热点问题,丰富学生的化学知识,把学校课堂和社会应用联系起来。教学生科学的研究方法和创新理论的运用方法,为学生创新实践做铺垫。学生面对面地聆听专家讲述他们的科研工作经历,谈论科学的方法论与价值观,谈科学研究的历程,给学生以丰富的学术熏陶。通过创新案例的学习与宣传,能提高大学生的化学科学素养,引导学生树立原始性科学创新和突破性技术创新的信心,激发创新意识,提升创新水平,具有重要的意义。

(二)教师牵头开展科研项目

化学创新基地的专业老师牵头开展一些化学科研项目,组织感兴趣的学生参与进来,让学生早早接触研究。教学与科研相结合是培养学生创新能力的根本途径,在专业老师的带领下,即使学生只是打打下手,也会耳濡目染渐渐养成科学严谨的学术态度,学会分析和解决问题的方法。

(三)搭建网络实验平台

参加化学创新基地活动的学生兴趣各异,每个学生想要研究的方向不同,这样会导致器材及师资匮乏。为了让每个学生都能有参加创新活动的机会,又能很方便地管理与指导,搭建网络实验平台是非常有效的手段。基地建立创新实验网站,网站公布一些创新实验课题,学生登录网站根据自己的兴趣提前预约实验,可能同时有很多学生选择同一个实验,教师根据学生的预约情况,公布时间统一辅导。学生也可以提出新的课题,负责教师审核是否可行,如果可行就纳入网站的创新实验课题,供更多的学生选择。同时,负责人要及时将本学院教师的科研项目转化为学生的创新实验课题供学生选修。

(四)加强与企业的合作联姻,促进产学研紧密结合

化学创新基地依托自己的专业特色,加强与科技型企业的合作联姻,打造产学研战略联盟大平台。化学创新基地利用自己的科研资源为企业提供技术服务、技术咨询、技术转让。技术服务是指化学创新基地为降低企业产品成本、节约资源能耗、改进生产工艺、提高劳动生产率等为企业提供的服务性合作。技术咨询则是由基地为特定的工程或项目进行技术分析、预测、调查、可行性分析和传授知识,为企业提供的咨询性合作。技术转让是化学创新基地和企业合作开发新产品、新技术的一种产学研紧密结合的新模式,企

业提供研发经费,化学创新基地利用自己的设备和人才为企业研发出新的技术、工艺或产品。上述产学研结合的多种模式,一方面促进了科技成果尽快转化为经济效益,提供了企业的竞争力,服务地区经济的发展;另一方面,化学创新基地也会获得一定的科研经费,给学生亲自参与化学工业生产研发的机会,学生运用学到的知识解决实际问题,在科研教师的指导下,学会科学研究的方法,见证新工艺和新技术的产生,能提高学生的创新意识和创新技能。

三、化学实验的分层次教学

化学的发展和创新与化学实验有密切的关系,化学学科的定律和原理都是从大量实验现象中归纳得来,化学史上的许多争论都是靠实验来判定是非。化学实验不仅是理论的验证、应用过程,也是探索、认知新理论的过程。实验教学是实践性很强的一种教学模式,它是架起课堂知识与工业生产的桥梁,对于培养学生的创新能力具有不可替代的作用。

为了充分发挥实验教学的多种功能,化学实验的教学内容既要符合学生的认知规律,贴近本门实验对应理论课的课程体系;又使实验教学内容体系具有系统性和先进性,建立基础实验、综合实验与设计型实验相结合的多层次实验教学新体系,由浅入深,层层深入,培养学生的创新能力。

(一)基础实验的教学

高校学生来自五湖四海,在中学接受教育的环境不同,造成化学实验的底子参差不齐。2007年,邹淑君,许树军对黑龙江中医药大学的学生调查发现,在高中阶段只有33%的学生亲自动手完成了所有高中实验,39%的学生亲自动手做过一半高中实验,有几乎四分之一的学生在高中只亲自动手做过三四个实验,有3%的学生在高中只看实验录像或教师演示实验,没有独立做过一个实验。造成高校学生实验知识差别很大,部分同学底子很弱,有的同学分不清酸式滴定管和碱式滴定管,不会正确使用移液管等。基础实验的教学能很好地补救学生知识的漏洞,为后续综合实验和设计实验的开展奠定基础。

基础实验的目的是让学生掌握简单的化学实验仪器使用方法和化学实验操作技能、对某些实验现象和简单原理进行验证、掌握基本的测量和误差分析方法。

基础实验的教学以讲授、演示和启发相结合的方式开展。新仪器的使用方法和实验装置的安装,主要以演示为主,目的是让学生掌握规范的操作。对某个原理的验证试验,以讲授与启发相结合的方式教学,引导学生分析实验的现象和可能产生的结果,启发学生的思维。基础实验为必做实验,要求所有的学生都必须熟练掌握。

(二)综合实验的教学

综合实验由几个简单实验构成或包含多个知识点,这些知识点可能只涉及某一门课程,也可能涉及多门课程。通过综合实验的学习,学生能对所学的知识综合运用,对不同课之间知识点的关联有了更深的理解。提高学生综合运用知识解决问题的能力,培养了学生的逻辑思维和发散思维,为后续创新活动的开展做铺垫。

相对于基础实验,在综合实验中,教师要逐步放手,让学生独立做更多的事情。教师着重讲解实验的设计思路,引导学生独立思考,设计实验方案,完成整个实验。综合实验一般包含几个简单实验,学生在设计实验方案时需对所学知识重新加工梳理,而且这几个简单实验环环相扣,上一个实验的产物是下个实验的原料,每一步都决定实验最终能否成功,所以学生在操作时会非常谨慎,锻炼了学生严谨认真的科学态度。

综合实验起着"承上启下"的作用,既是对"基础实验"成果的巩固,又提高了学生对实验方法和基础知识综合运用的能力,锻炼了科学严谨的态度,成为设计型实验顺利开展的"铺路石"。

(三)设计型实验的教学

设计型实验是通过实验培养学生创新能力的最好形式。在设计型实验中,教师只给出可选题目,由学生自己查阅资料,设计实验方案,经指导老师审核通过后方可进行实验操作。通过设计型实验,学生掌握了检索信息、加工资料的方法,锻炼了分析问题、解决问题的能力,很好地培养了学生的创新能力。

设计型实验的教学应贯彻"开放性"的原则:第一,应体现设计型实验内容的开放性,教师给出多个可选题目,学生根据自己的兴趣选择;第二,应体现教学过程的开放性,安排学院实验室在固定时间对学生开放,学生自己查阅资料,独自设计实验方案,在实验室完成实验;第三,体现实验结果的开放性,设计型实验主要为了让学生了解科学研究的全过程,强调过程比结论更重要,学生在独自实验的过程中肯定会遇到各种问题,比如没有看到预期的实验现象,合成的产物不纯净,但只要学生能积极分析问题、寻求解决问题的办法,采取了一定的措施,即使实验最终没有成功,教师都应该鼓励,承认学生本次设计型实验有效,但要求学生把对实验失败,原因的分析写入实验报告。

化学实验的分层教学使整个教学过程具有系统性和连贯性,从基础实验到设计实验,教学内容逐层加深,循序渐进,符合学生的认知规律,使学生的思维能力和创新能力逐渐得到训练。

案例设计:以西北民族大学有机化学实验为例。

有机化学总共有16个实验,54学时。要求学生掌握有机化学实验的基本技能,学会正确选择有机化合物的合成、分离提纯和鉴定分析的方法,增强运用所学理论解决实际问题的能力。我们依据实验的性质把这17个实验分为三类。

基础性实验:简单玻璃工操作、熔点测定、烷烯炔的鉴定、醇和酚的鉴定、醛酮的鉴定。

综合性实验:工业乙醇的简单蒸馏、柠檬烯折射冶的测定、甲基橙的精制、苯胺的提纯、乙酸乙酯的精制、乙酰苯胺的精制。

设计型试验:从橙皮中提取柠檬烯、甲基橙的合成、乙酸乙酯的合成、苯胺的合成——分离反应、乙酰苯胺的合成。

在设计型实验的教学时,比如甲基橙的合成,要求学生自己查阅资料,选择合适的甲基橙合成、分离提纯和分析鉴定的方法,设计甲基橙合成实验过程的操作方案,教师审核后由学生操作。

四、强化创新能力培养的化学考试评价和激励机制

合理的评价和激励机制是学生创新能力培养的制度保障。国内的许多高校已经把创新能力的培养纳入课程目标,以西北民族大学化学工程与工艺专业为例,西北民族大学化学工程与工艺专业的培养目标是:培养掌握化工专业生产技术的基本原理、专业技能与研究方法,具有从事本专业产品的研

制与开发、工艺过程的设计与放大、生产过程的控制与管理能力的应用技术型人才。毕业生不但要掌握化工专业的基础理论与专业知识,而且要能够结合本专业的具体工程项目或者生产装置的社会经济目标,从事化工生产、开发、研究与管理工作。毕业生要具有处理工程实际问题的能力,具有求实精神、创新精神、合作精神和应变能力。

这说明目前大多数高校都开始关注学生创新能力的培养,但由于高校一直延续下来的重理论轻实践的考试方法和种种制度及操作原因,导致目前国内的高校化学教学,主要还是以期末考试成绩评定学生的课程表现,注重结果评价,不关注学生学习的过程和创新思维评价,考试内容记忆性地再现知识多,运用专业知识解决问题的知识少。我们可以从以下三个方面完善目前的考试评价系统。

(一)采用多元考核方法

邢其毅院士曾说:"仅凭一本教材、一份教学大纲、一份考卷上的成绩来评定学生的方法有缺陷,甚至不合理,有可能会埋没有见解、有创造力的人才。"[1]

在考试形式上,选择闭卷考试与开卷考试相结合,口试与操作相结合的方式。不但关注学生的试卷作答情况,更应关注学生在平时的预习报告、课堂讨论表现以及学生有无创新性的见解和想法。

(二)注重评价内容的层次性

创新能力的形成不是一蹴而就的,需要学生长期的知识积累,在此基础上,需要教师有意识地培养和学生不断地锻炼及实践。学生在大学四年,不同年级培养的侧重点是不同的。一般在一年级和二年级侧重于化学专业知识的学习和积累,三、四年级进入专业实践阶段。在对学生进行评价的时候,也要注重层次性。一、二年级的考核应加大专业知识的深度考查,加重课程成绩在整个学期成绩中的比重。三、四年级的考核在课程知识考核的基础上,应加大科研能力、实践能力、创新能力方面的比重。

(三)形成性评价和终结性评价相结合

终结性评价,是以考试成绩来评定学生的学习能力,是在一个学习阶段

---

[1]邢其毅.化学教育改革中值得注意的动向[J].化学教育,1989(04):5-7.

末对学生学习结果的评价。形成性评价是在教学过程中通过教师观察、座谈、活动记录、问卷调查、学生自评、学生互评等形式对学生的学习行为、学习能力、学习态度和合作精神等进行的持续性评价,其目的是使教师和学生都能及时地获取反馈信息,改善教学,提高教育质量。

目前,各高校以终结性评价为主。学期期末,教师依据课堂讲授内容自编测试试卷,根据学生的卷面成绩把学生划分为不同的等级。这样单一的评价方式有许多弊端:一是试卷题目大部分是课堂讲授的内容,不鼓励学生思考和创新,不能达到拓宽学生思路、扩大学生视野的目的;第二,学生的成长是一个过程,教育具有滞后性,学生可能以前成绩不好,但最近一段时间非常努力,由于底子较弱,在期末试卷测试中不能拿到很好的分数,学生的努力没有得到肯定,只能感觉到竞争的挫败感,体会不到觉悟、改变、成长的快乐。这样长久会造成一个恶性循环,差生的成绩不见提高,只会越来越差。

在教学中,要不断关注学生成长的过程,实行形成性评价和终结性评价相结合的评价方式。一个学期的总成绩由期末试卷测试和平时成绩组成,适当加大平时成绩所占的比例。平时教学中,教师可通过观察、批改实验报告、与学生沟通、阶段测试、学生自评、建立学习档案等多种方式进行形成性评价,给学生相适应的平时成绩。及时对学生的学习状态做出反馈,调整学生的学习过程,使每个学生都能得到最大限度的发展。

(四)设立"创新学分",鼓励创新学习

学校设立"创新学分",能够在体制上为学生创新能力培养创造条件。在高校实行学分制的基础上,设立"创新学分",将学生的论文、设计、发明等创新成果采用学分进行综合考核;创新学分的具体实施需要指导老师对学生从理论到实践进行全面指导,并紧密结合相关课程,使学生能够做到理论联系实际,并培养其严谨的科学态度,促使自己动手动脑去创造和设计,从而取得创新成果,获得创新学分。

创新学分的来源分两种,第一,根据奖项等级或创新成果来给予相应创新学分,设定激励标准,国家级、省级、校级、院级、年级、班级从高到低依次给予不同的学分,颁发相应的奖金和荣誉证书,记入学生档案,增加学生创新成果产出的热情,也能为学生日后找工作提供一个参考。第二,根据学生参与

创新活动的次数和活动表现计入相应创新学分。高校教育是为了培养学生整体的创新能力,不是针对个别人的精英教育。所以,鼓励所有学生都要参与创造性活动,有的学生非常积极地参与学校组织的创新活动,但由于各方面的积累有限,没能拿到奖项,如果只以奖项结果做评定,会挫伤学生下次参与的热情,导致很多学生参与一次后不愿再参加。所以,每个学生都应建立一个创新活动参与档案表,指导教师根据学生在活动中的表现给学生写出评语并给予一定的创新学分,和学生一起分析这次活动没有成功的原因,给以后的创新活动提供建议。这样,学生参与创新活动的次数越多,创新分数的累积就越多。

学生毕业时,必须获得多少创新学分,学校要有一个明确的规定。以制度的形式下达,引起学生思想上的高度重视。

第五章 基于教学管理改革的教学模式构建研究——以化学为例

第一节 "导学互动"教学模式构建

一、"导学互动"教学模式的理论

认知学习理论的代表人物布鲁纳在其"认知发现说"中认为,学习是一个主动形成认知结构的过程。[①]无论是什么学科,学生都要首先了解该学科的基本构架,并认识到教材中涉及的各方面知识之间的联系。新知识的获取是建立在已有认知结构上的,这样学生在学习新知识的时候就会迅速在潜意识中判断出学习的内容是否符合自身认知发展水平,在心理上不会抗拒对新知识的获取,激发了学生学习的潜力和主动性。

认知学的研究证明:学习者要想获取新知识,并将新知识与大脑中已有的知识构架联系起来,学习者必须对新知识进行某种形式的认知重组,形成新的知识构架。而重组的最有效途径之一是向他人解释新知识及合作与交流。

认知学习理论推崇"发现学习"和"有意义的学习",前者指在教师不加讲述的情况下,学生依靠自己的力量去获得新知识,寻求解决问题的方法;后者指学生通过具有潜在的逻辑意义的学习材料有意识地将新知识和认知结构中已有的知识观念客观地联系起来,即信息加工的能力。

教师在设计教学活动时应考虑到学生对相关知识的认知水平。从学生已有的知识结构或贴近生产、生活的现象引入新课,激发学生接受新知识的兴趣,然后出示导学提纲,让学生了解当堂课的知识构架,使学生从心理上接受并主动获取、构建新知识。即为"导学互动"教学模式的第一个环节——"提纲导学"。

---

①J.S.布鲁纳.外国教育名著丛书·布鲁纳教育论著选[M].北京:人民教育出版社,2018.

学生群体普遍存在着合作与竞争。因为竞争,学生们充满斗志,学习的积极性高涨;因为合作,学生们共同进步。在教学活动中,合理地引入小组合作能够有效地促进老师与学生、学生与学生之间知识和情感的交流,活跃了课堂气氛,巩固了知识构架。即为"导学互动"教学模式的第二个环节——"合作互助"。

教师要适时地引导学生不断反思,通过归纳和演绎的方法将学到的新知识纳入自己的知识理论体系中,不因记忆的时间遗忘规律而反复挣扎在"死记"和"不理解"的泥潭中。即为"导学互动"教学模式的第三个环节——"导学归纳"。

促进一个学生尽快掌握新知识的方法之一是做习题,评价一个学生对于知识的掌握程度的方法之一是检查习题完成情况,由此可见,反复训练对于教学活动是至关重要的。单纯的化学知识对于学生来说没有任何用途,只有通过训练,学生才能体会到知识从点到面再到整体的过程,才能真正将新知识纳入自己的知识体系中。即为"导学互动"教学模式的第四个环节——"拓展训练"。

(一)"导学互动"教学模式

1."导学互动"教学模式的基本内容

"导学互动"教学模式是以"导学结合"和"互动探究"为特征的教学模式,它的教学理念是"变教为导,以导促学,学思结合,导学互动"。教学模式分为四个环节:第一环是"提纲导学",教师先根据教学内容创设问题情境,然后出示预先编好的"导学提纲",学生根据"导学提纲"对教材进行自学。第二环是"合作互助",根据学生自学导学提纲的情况,在教师的引导下进行讨论、交流自学难以解决和有探究价值的问题,共性问题由教师精讲。第三环是"导学归纳",先让学生利用板书对教学内容进行回顾,提炼出教学内容的精要,教师再引导学生通过分析、比较、归纳、总结等方式将本节知识融入学生已有知识构架,并加以提升。第四环是"拓展训练",教师精选训练题,让学生进行自查和拓展运用,同时让学生尝试自编训练题,展示出来共享。

2."导学互动"教学模式的设计目标

(1)提高化学教师的教学业务水平、教学热情和应变能力

相比高中化学,实施"导学互动"教学模式对高校化学教师的要求更高。尤其对个人教学经验浓重的老教师,再也不能千篇一律地按照老套路进行机械的重复,这样无法实现与"三维"教学目标的接轨。"导学提纲"的编写要随着教材内容与形式、学生心态等教学环境的变化而变化,这对于新、老教师都有不小的难度。组织课堂不能再是直接的知识灌输,教师应该既要关注学生,又要关注教学内容。教师在组织教学材料时要考虑到学生接受知识时的反应和变化,将教学模式融入教学材料中,进而融入课堂教学中,这样教师在教学实践中就会逐渐从适应到熟悉,再到得心应手,既提高了教学热情,又提高了教学业务水平和应变能力。

(2)提高学生学习化学的自学、探究、合作意识

兴趣是最好的老师,学生的主体性在课堂教学中至关重要。一节课,只有学生喜欢了,他才会参与其中并且保持长时间的关注。在教师的引导下,学生主动求知,创新意识得到充分激发,围绕"导学提纲"自主学习,在小组合作中探究解决问题的方法,或者带着疑惑倾听教师的讲解,这样的学习才是学生全程参与的学习,长期下来有利于提高学生学习化学的自学、探究、合作意识。

(3)实现化学高效课堂

新课程标准中强调提高课堂效率与素质教学并重,即高效课堂。"导学互动"教学模式中,学生首先通过教师提前编写好的"导学提纲"掌握了大多数的基础知识,然后通过合作、探究、交流解决一部分问题,最后带着较复杂的共性疑问认真听取教师的讲解进而掌握本堂课所有知识。这样,在宝贵的课堂时间中,学生作为主体参与教学活动,实现了化学高效课堂的目标。

(二)"导学互动"教学模式应用于高校教学的可行性分析

1.新课程标准下的高校化学教材分析

教材是学生学习的重要参考材料,随着课程改革的不断深入,我国的高校化学教材版本不再单一。较常用的有人民教育出版社、山东科技出版社和江苏教育出版社三个版本,其教材的编写依据都是中华人民共和国教育部指

定的《化学课程标准》,同时结合地区特点和自身的编纂理念。

山东科技出版社(鲁科版)的高校化学教材在内容编写上按照《基础教育课程改革纲要》和《化学课程标准》的要求,注重培养学生的科学素养及创新、探究、合作能力,最终目的是为国家培养符合当今社会要求的高素质人才。依据新课程标准的编写理念,教材内容提供了学生以后进入社会应对日常生活、进行科学研究必需的化学基本知识和技能,为选择理科继续学习选修教材的学生打下基础。

鲁科版化学教材设置了多种多样的学习栏目,目的是培养学生的科学素养和实践能力。例如一些科学探究栏目,提供了多种不同的科学研究方法和过程,为提高学生的科学探究能力和实践能力提供了很大的帮助。

鲁科版化学教材使用了大量的插图。插图是一种信息传播工具,具有直观、形象的特点,是一般文字描述所不能比拟的。插图是对文字内容的辅助、拓展,在教学过程中,有助于保持学生的兴奋度,加深学生对于知识的记忆。

鲁科版化学教材安排了大量的实验。一次成功的实验会大大地激发学生学习化学的兴趣,既掌握了化学知识,又培养了学生的动手能力和科学探究能力,有益于培养学生的科学素养,其效果不亚于一个经验丰富的教师完美生动的一节课。

鲁科版化学教材提供了丰富的习题。既有利于学生对所学知识的巩固,又为教师把握教学难度起到了引导的作用。

总之,"导学互动"教学模式中激发学生学习兴趣,培养学生自主学习、探究学习能力,提高学生科学素养的理念在鲁科版化学教材的编写中均有体现。从化学教材编写方面来说,"导学互动"教学模式是可行的。

2.大学生心理特点分析

大学学生智力水平达到成人高峰状态,能够在较长的时间内对自己感兴趣的事物保持注意力。观察的目的性较强,但欠缺系统性和全局观,同时也不太准确。大学生的思维方式正在逐渐从直观过渡到抽象,初步具有理智思考问题的意识,但常常需要感性支持来保持注意力的集中。大学生的思维比较活跃,经常提问题,能判断是非对错。

大学生倾向于坚持自己的观点,希望被认可,爱争论,但并不排斥不同观点,在有理有据的情况下会接受观点。大学生不愿意被"牵着鼻子走",希望独立解决问题,但由于知识储备比较薄弱,容易偏激。人生充满激情,容易冲动,充满信心,做事果断,能在一定程度把握住自己,能克制,有一定自制力。大学生已经有了强烈的自我意识和自尊心,希望得到他人的理解和尊重。

教师在高校化学教学中实施"导学互动"教学模式时应充分考虑大学生的心理特点,抓住大学生自主意识较强、爱争论的特点,进行分组讨论,使学生能够通过合作交流的方法解决课堂上的大多数问题,引导学生培养抽象思维以及合作、自主、探究的能力。同时考虑到大学生自尊心强而兴趣不持久的特点,要引入竞争机制,多夸奖,以保持学生的学习兴趣,提高自信心。

3.对高校化学教师素质的要求

随着课程改革的不断深入,教师专业化的趋势日益明显。教师的专业化要求教师转变角色,从教学活动的"独裁者"变为教学活动的组织者、参与者、引导者。教师要给予学生以关爱和理解,要放下身段与学生交流互动,要学会创新,与时俱进。专业化的教师要提高身体语言的表达技能和激发学生学习动机的技巧,掌握娴熟的课堂驾驭技能和实验教学技能,并要有终身学习的意识,在学习中不断发展。

没有过硬的基础知识、教学技巧和应变能力是无法驾驭"导学互动"教学模式的,教师在备课时应当熟悉当堂课所有相关知识,并将课堂教学过程中可能会遇到的学生提出的各种偏激问题和各种状况都考虑在内,才能做到真正的高效课堂。

二、"导学互动"教学模式的构建

(一)编写高校化学"导学提纲"应遵循的原则

"导学提纲"是"导学互动"教学模式中一切教学活动的出发点和归宿,也是"导学互动"展开的主线。尤其是化学课导学提纲设计得好坏,会直接影响合作互动的质量及教学课堂的效率。高校化学课导学提纲的编写,需要遵循的原则有以下三点:

1.问题情境的创新性

高校化学知识一部分与日常生活、自然现象、当代科学技术紧密相关,但还有相当一部分是理论性较强的内容,知识点散而多,且需要一定的逻辑思维能力,比较枯燥,部分学生从心理上抗拒化学。要改变这种状况,教师在编写导学提纲时,其首要任务就是设置有新意、有创造性的问题情境,要在一开始就吸引住学生,激发学生的好奇心和求知欲。

比如讲到"硫酸根离子的检验"可设计一个实验:取一溶液(标签背向学生),加入几滴氯化钡溶液(产生白色沉淀),继续加入稀硝酸沉淀不溶解,然后面向学生发问:这种溶液里有无硫酸根? 大多数学生不假思索地回答:有。这时教师慢慢拿起盛有溶液的试剂瓶,并把标签面向学生,标签为硝酸银,学生愕然,转而恍然大悟,学生们兴奋了。教师接着让学生讨论:该怎样检验溶液中有无硫酸根? 使学生悟出用氯化钡做试剂检验硫酸根的前提条件。

2.问题链的梯度性

高校化学教材中每一节的内容大多从学生感兴趣的日常生活、自然现象、前沿科技等引入到逐步复杂、抽象的化学式、化学方程式或更深层次的化学原理、相关计算。学生善于理解和记忆简单的基础知识,却不善于对基础知识进行二次挖掘和联想运用,往往陷入前半堂课"如沐春风",后半堂课"如临深渊"的怪圈。所以,高校化学"导学提纲"的设计应该把每一节的知识点设置成有梯度的问题链,由浅入深,使学生自然而然地将新学的基础知识原理一点儿一点儿整合进已有的知识构架,并灵活运用。

3.习题设置的多样性

化学的学习不是简单的化学方程式和化学原理的堆叠,要想将新知识融入已有知识构架,练习必不可少。适量的习题有助于加深学生对新知识的记忆与理解,以达到举一反三、触类旁通的效果。所以,一节优秀的高校化学课,习题的设置尤为重要,数量不要太多,但要有广度,更要有深度。

(二)"导学互动"教学模式在高校课堂实施的具体步骤

1.提纲导学

第一环是"提纲导学",这是教学活动的起始环节。首先,根据本节课内容特点选取合适的导入题材(复习回顾、小故事、趣味实验等),创设问题情境,激发学生的学习兴趣;然后出示预先设计好的"导学提纲",让学生依据"导学提纲"对教材进行预习;同时引导学生在完善"导学提纲"时,发现问题,解决问题。

(1)激趣引入——"提纲导学"环节的第一步

这是整个课堂教学的开端。俗话说良好的开端等于成功的一半,所以在各教学环节中,导入在课堂教学中具有重要的地位。运用得当的导入,能够迅速激发学生的学习兴趣,集中学生的注意力。教师在设计导入内容时,要明确教学目标,围绕教学内容,贴近学生的生活实际和知识水平创设问题情境。导入内容的设计要简短,目的要明确,题材可新奇、可回顾、可直击重点。形式上要创设问题情境,如讲化学史故事、描述社会热门话题、举生活实例、做演示实验等。

(2)出示"导学提纲"——"提纲导学"环节的第二步

"导学提纲"是教学活动的主线,教学活动的每一个环节都要围绕"导学提纲"进行,教师组织、引导教学活动,学生自主学习都离不开"导学提纲"。教师根据化学学科特点和学生的知识水平,围绕教学内容、教学目标和教学的重点、难点,预先编好"导学提纲"。导学提纲包含五部分内容。

第一,本节课的学习目标、重难点、与已有知识构架的联系。

第二,简单问题和基础知识点的呈现。这部分内容大多数学生都可以通过自主学习来解决和掌握。呈现方式可以是问题式、填空式、框架式等。

第三,复杂问题和探究式知识的呈现。这部分内容多数学生可以通过小组讨论、合作互助的方法来解决和掌握,多以问题链的形式呈现。期间,教师要引导学生利用问题链逐步探究问题解决的方法,体会科学探究在化学学习中的重要性。

第四,知识梳理。在这里学生要梳理的不仅仅是新知识,还有掌握和运用新知识的方法,同时找出自己仍存在的困惑和不足。

第五,反馈练习。学生针对本节课学习的新知识进行应用训练,巩固新知识的同时进行自我检测以判断是否达到学习目标。

新课导入之后,教师出示导学提纲。导学提纲的出示时机要根据新授课、实验课、习题课、复习课的不同灵活掌握,可集中出示,也可在课堂教学中逐渐展开。导学提纲的出示形式可以根据本节课的课堂性质和学校的硬件条件选择小黑板、电子白板、活页等。

(3)做自学设疑——"提纲导学"环节的第三步

学生在教学活动中处于主体地位,教师在教学活动中处于主导地位。学生依据"导学提纲"对教材进行预习,把遇到的问题做好记录。在这一步,教师要充分相信大学生独立思考问题的能力,给学生充分思考、消化教材的时间。这样学生才会带着自己处理过的疑问认真听课,主动交流,逐渐掌握自学的方法和能力。

2.合作互动

第二环是"合作互动",这是课堂教学的中心环节。学生依据"导学提纲"预习之后,会解决一部分问题,发现一部分问题。学生情况良莠不齐,需要通过小组交流讨论解决一部分问题。这时正是学生发挥主体作用的时候,学生亲身参与到问题的发现与解决中,"百家争鸣""取长补短"。学生学会知识的同时表现了自我,亲身证明了学习的价值,攻克疑难的"战斗力"强劲且持久。

(1)小组交流——"合作互助"环节的第一步

学生在导学提纲的引导下预习后,会遇到或提出一些问题,这时教师引导学生进行分组交流讨论,各抒己见,相互借鉴,解决一部分问题。学习小组按照"组内程度各异,组间程度相近"的原则进行划分,挑选组织能力强、善于表达、敢于质疑的学生担任学科小组长,带领组员积极主动地参与小组交流,既要勇于提出自己的观点和看法,又要能够虚心接纳别人的意见和建议。交流讨论过程中,巡查各小组,关注各小组讨论情况,必要时参与讨论。

(2)展示评价——"合作互助"环节的第二步

讨论结束,由小组代表将解决的问题提出来进行成果展示,教师对解决问题多且质量好的小组进行表扬、奖励、评分。

(3)质疑解难——"合作互助"环节的第三步

由小组代表将不能解决或存在的共性问题提出来,让已解决此问题的小组进行讲解。若学生的讲解不详尽或有漏洞,教师要及时指出,并引导学生完善。对学生都无法解决的问题,由教师来讲解,要精讲。教师要精讲的是学生容易出错的、容易混淆的和容易遗漏的内容。教师在精讲时要特别注意逻辑性和严谨性,这时教师要给学生的潜意识中灌输科学素养。

3.导学归纳

第三环是"导学归纳"。学生初步理解本节课内容之后,在教师的引导下对本节课内容进行回顾,弄清不同知识点之间的联系和相近知识点之间的区别,"庖丁解牛"找出知识要点和难点,归纳学习本节课内容所使用的方法。教师再引导学生通过分析、比较、归纳、总结等方式将本节知识融入学生已有知识构架,并加以提升。

(1)学生归纳——"导学归纳"环节的第一步

"合作互动"环节之后,学生已解决了本节课的绝大多数问题。这时教师利用已设计好的板书引导学生进行总结归纳,通过分析、比较,结合学生已有知识构架,培养学生对知识的整合能力。教师的引导必不可少,好的引导会使学生的归纳事半功倍。引导要适当,过多的引导会影响学生的自我发挥;引导过少或不引导则会影响学生对知识的掌握。

(2)教师指导——"导学归纳"环节的第二步

学生归纳之后,教师对学生的表现做出评价,以示鼓励。学生归纳不完整、不严谨或错误之处需教师指出,并加以提升。这样学生在掌握本节课知识的同时又增强了信心,有助于提高学生归纳、整合的能力。

"导学归纳"决定了一节课的成败。在前两个环节,无论学生小组交流的热情有多高,问题解决得有多成功,失去这个环节,都只能说是"行百里者半九十",学生学到的知识如同手里的沙子般容易流走。不让它流走,就必须给它加钢筋水泥,这就是知识的归纳整合。

4.拓展训练

第四环是"拓展训练"。学生在完成本节课内容的学习之后,开始解决"导学提纲"中的习题,以达到巩固知识、提高知识运用灵敏度、拓展解题能力的目的。同时要求学生根据自己理解的知识重、难点对一些题目进行变化甚至新编习题,锻炼学生对知识的"正—反"运用。

(1)拓展运用——"拓展训练"环节的第一步

练习题是学生对新知识掌握程度的直接反馈。教师编写练习题要贴合本节课知识点,联系旧知识点。要充分考虑学情,不能让学生"一看就知",也不能让学生"绞尽脑汁而不得"。上课时间有限,练习题数量要合理,学生要当堂完成。学生按要求进行练习。教师进行巡视抽查,发现学生在做题中出现的问题。学生完成练习题之后,教师要考虑到不同程度的学生,对共性错误进行有针对地集中解答,让学生明白错在哪里,给学生反思的时间。

（2）编题自练——"拓展训练"环节的第二步

教师引导学生根据自己对本节课知识的理解编写练习题，"在精不在多"，选择知识运用巧妙的题目展现给学生，让学生进行练习。学生编写的训练题直接反映了学生对于本节课知识的掌握程度和关注点，有利于教师及时发现学生对于本节课知识的优势和不足。

"拓展训练"是对学生掌握知识点的巩固、应用和证明，也是对教师本节课教学成败的试金石。没有"拓展训练"是有缺憾的一节课。学生对于任何知识点的掌握和巩固都是在不断地训练、再训练中完成的，这样才能达到灵活应用。

以上就是"导学互动"教学模式在高校化学中构建与应用的具体操作步骤。"四环十步"缺一不可，环节间的排序不可调换，环节中的步骤根据教情和学情的不同可自行适当调整。

第二节　翻转课堂教学模式构建

一、翻转课堂教学模式的理论基础

（一）有关概念的辨析

1.教学模式

教学模式就是一种比较固定的教学框架和流程，它是在一定的理论基础上建构起来的。教学模式既是一种框架又是一种程序。因为不仅要把握整个教学活动，还要协调各教学要素间的关系和功能。教学模式具有充分的有序性和可操作性。不同的教育观念会催生不同的、具有各自特色的教学模式。比如在认知心理学的影响下就形成了概念获得模式和先行组织模式。再比如人的心理活动有些是有意识的，有些是无意识的，人的理智和情感在认知中是统一的，所以以此为基础又形成了情境陶冶模式。不同的教学模式都有自己的特点，但是它们也有一个共同点，那就是都需要完成一定的教学目标。教学目标制约着教学模式的其他组成因素，它是教学模式操作程序的决定因素，同时也是师生关系的重要决定因素。当然评价教学质量的标准和尺度也是依据教学目标来制定的。教学目标是教学模式存在的宗旨和服务目标,并决定了教学模式的个性和风格,二者是内在统一的。

2.传统教学模式

我国传统教学模式主要是"知识传授型",其教学目标就是要系统传授知识,培养基本技能。在教学过程中通过对学生记忆力的挖掘、通过对学生逻辑思维的强化、通过间接经验的刺激来帮助学生提高学习成绩。这样的教学模式下,学生能够在较短的时间内尽可能地掌握更多的信息。在这种教学模式中老师的指导作用是最重要、最受重视的,大家认为只要老师教得好,学生就一定能学得好。所以在这种教学模式下老师是课堂的权威,是课堂的主导,老师在课堂里的教学行为是大家的关注重心。然而学生作为学习的主体,他们的学习责任反而在被逐渐淡化。这么多年的发展证明这种教学模式最大的优点是:在学习者有较高学习兴趣及较迫切地需要的前提下,学生的学习效益是可以很高的。所以在相当长的时间里它是稳定发展的。

3.翻转课堂教学模式

"翻转"是传统教学模式的一种颠覆。学生们首先要通过观看老师提前录制好的教学视频自己学习知识,并通过典型预测题将学习情况由"学习平台"反馈给老师,然后老师会在课堂上根据学生作业中反映出来的问题和重难点进行有针对性的讲解,或组织讨论让学生在相互合作的过程中掌握知识要点。在整个教学过程中学生是学习的主体,教师要根据学生的学习情况来组织教学,确定具体的教学内容,这样更容易攻克教学难点,突出教学重点。

(二)翻转课堂教学模式实施的理论基础

在翻转课堂教学模式下,学生首先在老师的要求下利用教学视频等资源进行自学,然后在课堂上通过做实验、讨论、演示、练习等环节进一步加强知识的学习。在整个过程中充分体现了构建主义中的一些有意义的观点,即"学生是学习的中心,是教学活动的积极参与者和知识的积极建构者:教师是学生建构知识的忠实支持者、积极帮助者和引导者"。

掌握学习理论认为之所以很多学生不能获取较为优秀的学习成绩,原因不是他们的智力发展有缺陷而是得到的关注不到位。如果在"线索、参与、强化和反馈、纠正"等方面给予其足够的关注,那么在理论上每一个学生都能在老师的帮助下取得较为满意的学习成绩。翻转课堂教学模式在这方面做出了自己的尝试,使教师扮演的角色发生了较大的转变。在整个课堂教学过程中教师更像是一个管理者而不是主要参与者,教师的主要任务不是讲授知识,而是引导学生自己去发现、去认知、去解决问题。他会给出一定的线索,告诉学生应该通过什么样的方式去习得某某知识,然后放手让学生自己或独立或合作地去完成这些任务。而教师则会从当堂讲解知识的模式中解放出来,将更多的时间用于关注学生的已有认知和技能,关注学生的学习激情、动机等学习状态,关注教学的有效性。同时教师将会有更多的机会通过赞许、微笑等手段来强化学生的学习行为、学习动机等。

翻转课堂教学中有很多学生自主完成的教学活动,所以在给学生设置学习任务时必须要从最近发展区理论入手。就像维果茨基所说的"教学创造着最近发展区,儿童的第一发展水平与第二发展水平之间的动力状态是由教学决定的"。①探究问题的难度应该是适宜的,应该是学生通过努力能够得以解决的。这样的问题才能够引起学生的征服欲望而又不会较大程度地伤害学生的自尊心和积极心态。这样学生才能主动去发现问题、解决问题,并有希望长久保持,才能够使学生在解决问题的过程中建构起对知识的理解,而不至于打击学生的学习兴趣或使学生停留在现有的发展水平上。也就是说要保持教学在发展的前面,而又不能超出学生可能达到的最高水平。

翻转课堂的最终目的是满足学生各种层次的需要从而产生内驱力,形成学习动力。用"尽可能少的时间、精力和物力投入,取得尽可能多的教学效果,满足社会和个人的教育价值需求",实现有效教学。

二、翻转课堂教学模式的实施

第一步:教师的课前准备工作。

包括整理相关教学资源、制作教学PPT、录制教学视频。

每一段教学视频就是一节完整的课堂教学,由于不能和学生面对面交流,所以视频的制作难度较大。作为教师为了尽可能地让教学内容丰富、有趣,首先就得广泛收集与教学内容相关的各种信息即教学资源,如社会新闻、化学史以及该部分知识在生产、生活中的应用实例等方面的文章、图片或视

---

① 列·谢·维果茨基.维果茨基全集·第1卷[M].合肥:安徽教育出版社,2016.

频。然后结合教材核心知识,选取合适的信息,整合成教学PPT。PPT的整体设计是吸引学生注意力的重要因素,因此需要加入一些趣味性因素,比如,学生感兴趣的背景图片、音乐或动画等,而其他辅助信息则以课外阅读的形式上传到学习平台供学生课余时间查阅,然后才可以开始录制教学视频。在缺乏面对面交流的视频教学中语言艺术显得尤为重要,所以整节课的录制过程中需要通过语音、语调的变化来集中学生的注意力,需要将教师饱满的精神状态通过听觉效果传递给学生。在录制过程中教师要把它当作是一堂真正的课来对待,课堂的各个环节也必不可少。在讲课伊始需要通过创设教学情境来引入新课,如:通过引导学生分析和关注当前社会的热点问题(如资源节约型、环境友好型社会的建设以及生活中的一些疑问等)建立化学学习与生活的关联性。这样不仅可以增强学生的兴趣,还可以使学生在关注生活中的化学问题的同时感受到学习化学的意义,同时也能促使其学习热情的高涨、生活品质的提升,最终达到知识的有效迁徙。在讲课过程中需要提问的要提问,需要讨论的要提出要求,哪怕无法当场作答也要让学生不断思考、提出自己的想法以便老师组织讨论时用到。讲到重点、关键之处时需要的板书及标记要随着讲解体现在PPT或空白页面上。

第二步:翻转课堂教学模式的具体实施。

翻转课堂与传统课堂最大的不同在于先学后教,基础知识的学习在课外,利用知识解决问题在课内。比如可以简要分析如下几个步骤进行。

第一,执教老师根据这一节的教学任务制作适合自己学生的学习任务单。

第二,学生在自习时间通过教材、教学视频等教学资源完成学习任务单上的课前学习任务。

第三,也就是课堂教学的前8分钟左右用于课前学习任务的展示和点评释疑。通过投影仪展示某学生的课前学习任务单,其他学生将其与自己的学习任务单对比后进行点评或提出疑问、表达不同的意见等。老师的主要任务就是解决学生提出来的其他学生又解决不了的疑难问题。

第四,学生分组实验,实验时间控制在10分钟左右。以小组为单位完成合作探究中的两组实验并记录实验现象。老师需要强调实验安全并巡视学生的实验,指导学生实验的基本操作和引导学生观察实验现象等。

第五,小组讨论,约为5分钟。根据小组实验及教学视频的内容,组员之间针对合作探究中的结论等进行讨论并形成小组内统一的结论进行汇报。老师在巡视的同时要帮助某些小组解决他们解决不了的困惑,并在小组间有不同意见时引导大家分析选择更加正确的答案。

第六,课堂巩固练习,约17分钟。学生完成学习任务单上的习题后先自己核对答案并修正,然后小组间进行讨论纠错。老师要留意学生的解题过程和思路,在适当的时候给予方法上的点拨,对某些易错问题进行点评讲解。

第三节 任务驱动教学模式构建

一、任务驱动教学模式的概述

(一)任务驱动教学模式的界定

1.关于"任务"

"任务"一词的英文是"task",翻译过来有"作业""工作"的意思。在中文字典的意思是"指定担负的工作或责任"。而任务驱动教学中的"任务"是指经过教师精心挑选和组织的、能在一定程度促进学生掌握课本知识的同时也提高能力的一项作业,它贯穿在整个教学的始终,但不能等同于我们常说的练习。"任务"一般是在介绍完某个知识框架后被提出,一般与生产、生活实际相关联,设计的难易程度会依据学生的实际情况而定。任务还会分得更细,以满足不同水平学生的要求。所提出的任务要能够激发学生的学习兴趣、启发学生的思维能力等。

2.关于"驱动"

"驱动"这个词在计算机教学中应用比较多,英文为"drive",有"推动""驱赶"的意思。单从字面上看,很容易理解成通过任务来"迫使"学生学习,这种观点是片面的。任务驱动教学模式强调学生是学习的主体,所以学习的驱动力是源于学习者本身的。本研究将"驱动"理解成学习者在执行任务过程中发生认知冲突,为获得认知平衡,学习者会通过自身的努力去解决这个矛盾。

而这种驱动力是可以培养的,比如教师的鼓励能给学习者一定的成就感,这种驱动力会不断地增强。所以,教师在进行教学过程中要进行适当的鼓励,以增强学生学习的动力。

3.关于任务驱动教学模式

任务驱动教学模式的思想源远流长,可以追溯到我国的教育学家孔子所提出的"学以致用"。它的概念界定经历了一个漫长的发展过程,最早是在德国出现,当时被称为"范例教学",倡导者为德国教育家瓦根舍因和克拉夫基。他们认为,范例教学提倡学习者的独立性,让学习者能从选择出来的例子中获得知识和能力,并且这就需要选择典型而清楚的例子进行教学。[1]通常,任务驱动教学模式被定义为建立在建构主义理论基础上的,以任务为主线、教师为主导以及学生为主体的一种教学方法。随着任务驱动教学法的功能不断被发掘,任务驱动教学模式越来越被重视,主要在计算机教学和语言教学中广泛运用。

但是不同的研究者对其含义有不同的理解。

韩亚珍认为"任务驱动"教学法即在教学中通过任务来驱动学习过程,使学生积极主动学习,利于学生形成主动学习习惯。她指出为了使学生提高求知欲望,就得给学生提供获得成就感的机会,让其在这个过程中形成良性循环,从而形成积极的学习态度。[2]

李代勤则根据多年的实践经验,将任务驱动教学模式理解为是一种有效的、能够极大拓展学生知识面、能够将所学知识与实践及时结合起来并且有助于学科教学与信息技术整合的教学模式。[3]

他指出这种教学模式的优点是能最大限度地消除学生学习的盲目性,在运用中能提高化学的学习效率。

顾丽英、沈理明则将任务驱动教学模式运用到导学案中,尝试用导学案驱动教学。他们认为任务驱动教学是指学生在前一天对"导学案"预习的基

①马丁·瓦根舍因.小小物理学家·孩子眼中的物理学[M].北京:中国纺织出版社,2022.

②韩亚珍.任务驱动教学法在高中化学课堂教学中应用效果的研究[D].大连:辽宁师范大学,2011:12-13.

③李代勤.任务驱动教学模式的探讨[D]长沙:湖南农业大学,2009:21-22.

础上,在教师的指导下,紧紧围绕一个个循序渐进的任务,在强烈的问题动机的驱动下,进行自主学习和合作探究,完成预定学习内容的活动。教师将任务导学案布置给学生,促使学生主动预习,有目的地掌握新课的重难点,从而提高学习的效率。①

营口职业技术学院的郑革认为任务驱动教学模式属于探究式教学中的一种,他从学习者的角度和教师的角度对该教学模式进行了分析。从学习者的角度看,任务驱动归属于一种学习方法,它能够帮助学习者明确学习目标,掌握知识与技能。从教育者的角度看,则是一种教学方法,能够培养学生分析问题、解决问题的能力。②

笔者对学者们提出的任务驱动教学模式观点进行深入剖析、理解,结合教学的实际情况,引用南京师范大学崔赞在其论文《任务驱动教学模式在初中化学实验教学中的应用研究》中的观点,即任务驱动教学模式是在创新教育和素质教育思想的指导下,能激发学生学习动机和学习兴趣、引导学生进行自主探究且能培养学生创新思维的一种稳定的教学结构形式。③

(二)创新思维的界定

1."创新"的含义

创新是人类进步的灵魂,创新关系到一个民族的兴衰成败。那么,什么是创新?创新涵盖的领域很多,包括经济、社会、科技、文化等各个领域。不同的领域对创新的定义有所不同:在社会学上,创新是指为了发展的需要,人们运用已知的信息去突破常规,并从中发现或产生某种新颖、独特的具有一定价值的新事物或新思想的活动。它强调创新的本质是突破,即突破定势思维和常规,指出其活动的核心是"新",即新事物,不管是结构、性能还是内容的表现形式上,都要具有创造性;在经济学上,创新简单地说就是对一切旧事

---

①顾丽英,沈理明.基于导学案的"任务驱动"化学教学实践[J].科教文汇(下旬刊),2012(09).

②郑革.任务驱动教学法在化学实验课教学中的应用[J].辽宁高职学报,2005(06):118-119.

③崔赞.任务驱动教学模式在初中化学实验教学中的应用研究[D].南京:南京师范大学,2011:12-13.

物的替代;在化学上,创新则是指人类在已有物质世界的基础上进行再创造,从而产生新的物质形态的过程;在教育领域上,则把创新定义为通过激励学生主动参与、主动发现问题和解决问题,培养学生创新精神和创新能力的活动。

从"创新"一词的发展时间上看。据考查,"创新"一词起源于拉丁语里的"nnovare",所包含的意思是更新或改变旧的东西。我国在历史中也出现过"创新"一词,其意思是创立或创造。1912年,"创新"概念被美国的经济学家约瑟夫·熊彼特在他出版的《经济发展概论》中正式提出,指的是通过引入新的思想、方法等将生产条件和生产要素进行新的组合,从而建立一种新的生产函数。当时的"创新"是从经济学角度进行理解的,它更强调的是技术方面的创新。随着时间的推移,人们对创新有了新的见解。我们所说的"创新"是指通过对中小学生进行教育,使他们作为一个独立的个体,能够善于发现和认识有意义的新知识、新思想、新事物、新方法,掌握其中蕴含的基本规律,并具备相应的能力。对于学习者来说,能够凭借自己已有的知识经验,独立去发现未有的知识经验,都可以称为创新,这也是我们创新教育期望能达到的目标。

2.创新思维

创新思维是创新能力的核心,而构成创新能力的要素主要有(如图):

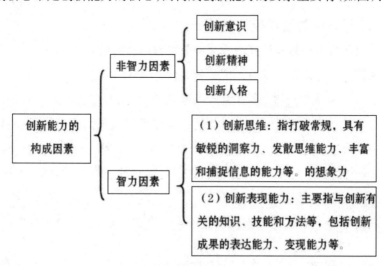

图:创新能力构成因素

要想提高学生的创新思维能力就得从创新能力的构成要素入手。而对于创新思维能力的培养,阎立钦教授认为:"创新教育是以培养人的创新精神和创新能力为基本价值取向的教育。"①从中可以看出教育具有培养人的创新精神的功能。苏霍姆林斯基认为:"人的心灵深处都有一种根深蒂固的需要,这就是希望感到自己是一个发现者、研究者、探索者"。②

可见,通过教育活动来培养学生的创新素质能够实现创新教育的价值,而创新素质要通过创新思维的训练激发出来并得以提高。

思维是一种心理现象,创新思维是思维的最高形式。创新思维与其他思维形式的区别在于:它是综合性的,是发散思维、联想思维、质疑思维等多种思维形式的统一,具有一定的价值性和新颖性。从内涵上看,不管是对群体还是个体来说,创新思维是用独创的、新颖的方式解决问题的一种思维过程。创新思维有广义与狭义之分。广义的创新思维是指人们在提出问题和解决问题的过程中,一切对创新成果起作用的思维活动。而狭义的创新思维则是指人们在创新活动中直接形成创新成果的思维活动,诸如灵感、直觉、顿悟等非逻辑思维形式。

笔者研究的对象是中学生,综合以上对创新思维的理解,将创新思维定义为学生个体在独立思考过程中经历的以前未曾出现的、较为新颖而独特的想法。这个想法不是偶然得到的,是经过长期准备和尝试之后获得的。

二、任务驱动教学模式的实践

(一)任务驱动教学模式与学生创新思维培养的相关性分析

任务驱动与创新思维有一定的相关性,主要体现在以下几方面:

创新思维从多角度、多方面来思考问题,在思考问题的过程中采用多种思路和方法去解决问题;任务驱动是一项多维互动式的教学模式,它倡导学生从多个维度去思考问题,采用多种方法去完成任务。所涉及的任务具有一定的开放性,适合发展学生的发散思维,它本身的多维互动式教学理念与创新思维的发散性具有相似之处。

创新思维的培养其本质就是要培养学生的独立思考、分析问题的能力;

①阎立钦.中国教育学会语文教学法研究会组织编写[M].语文教育学引论.北京:高等教育出版社,1996.

②瓦·亚·苏霍姆林斯基.家长教育学[M].北京:中国妇女出版社,2021.

任务驱动教学模式通过创设探究式的任务,使学生处于积极学习的状态,每个学生都可以根据自己对知识的理解,运用所学的知识提出一套独特的方案。在这个过程中,学生不断获得成就感,求知欲望不断被激发,逐渐可形成独立思考、勇于探索的自学能力。

兴趣是最好的老师,创新思维的培养必须要以兴趣作为支撑点来开展教学活动。如果对所学的知识有较高的学习兴趣,学生在课堂上的学习动机就大,思维也会处于最佳的状态,从而更具创造力。任务驱动教学模式一般采用的案例是由浅入深、循序渐进的,且活动过程中充满了民主和个性,能让学生获得极大的成就感,能够大大提高学习效率和激发学生的学习兴趣。所以,任务驱动教学模式和创新思维有一定的相关性。

(二)任务驱动教学模式与学生创新思维培养的可行性分析

学生创新思维的培养可以通过一些方法来实现,其中利用任务驱动教学模式就是培养创新思维的一种方式。教师通过在课堂中创设与学生经验相近的一些情境,引导学生灵活、流畅地运用知识去解决问题,促进学生创新思维的提高。而发散思维、联想思维、逆向思维和质疑思维是创新思维的主要表现形式,所以在教学过程中笔者主要从以下几方面进行创新思维的培养。

1.任务驱动教学模式对发散思维的培养分析

发散思维又称辐射思维,是一种不拘泥于已有形式且从多方面、多角度思考问题的方法。发散思维的好坏预示着一个人智力水平的高低,所以训练学生的发散思维极其重要。创新思维的启发阶段,需要从多角度进行问题的思考才能提出具有创新性的思路和方法。任务驱动具有一定的开放性,能为发散思维的培养提供一个广阔的平台。中学阶段的学生想象力极其丰富,对事物充满好奇心,对知识充满探究欲望。此时,我们可以结合设置的学习任务,特别是开放性的学习任务,鼓励学生从多个方面探索相关的答案,提出多种见解,从不同角度理解所学的知识,从而达到对创新思维的培养。教师也可给学生提供具有启发性的教学案例,让学生在此基础上进行举例,说出自己的不同观点。在这个过程中,学生不仅能够熟悉,读懂所呈现的知识,还能结合自己的所见所闻畅所欲言,充分挖掘学生的思维潜力。

2.任务驱动教学模式对联想思维的培养分析

联想思维在人的思维活动中起着基础性的作用,是打开人脑记忆最简捷、最适宜的一把钥匙。联想思维是指在某种因素的诱导下,人脑记忆表象系统将不同事物进行联系的一种思维活动,往往可以根据事物的外部结构、属性等特点具有相似性而引发想象,进行延伸和对接。能够使人产生联想的特征很多,比如相似性、对比性、因果关系等。经过联想所产生的想法或念头具有一定的科学性,且能对事物产生积极影响,有利于活化思维空间,有利于信息的存储和检索。任务驱动教学模式可设定多个知识点,让学生围绕一个知识点进行相关知识的自由联想,从而活跃思维。

在进行任务驱动教学模式时,我们要引导学生往事物的积极方面进行思考,让学生在任务驱动教学模式所提供的学习平台上进行自由联想。在运用所学的知识解决实际问题的过程中,可以将不同的知识点串联起来。这样不仅能使学生快速掌握已学知识,还能帮助学生进行新旧知识的联系,形成系统的知识脉络,促使学生在完成学习任务过程中能够快速提取所学过的知识,提出具有创新特点的方案,从而达到创新知识的目的。

3.任务驱动教学模式对逆向思维的培养分析

逆向思维是一种对常规或者已经成为定论的事物反过来进行思考的一种思维方式,俗称"反其道而行"的一种思维方法。事物往往具有多面性,大部分的人只能看到其中的一方面,而忽视了事物的其他方面。利用逆向思维进行思考往往会获得出人意料的成果。波兰天文学家哥白尼推翻亚里士多·托勒密的地球中心说,创立太阳中心说就是利用逆向思维获得成功的一个例子。培养学生的逆向思维就是要学生从相反的角度思考问题,尝试多种思路方法。任务驱动教学模式具有一定的自由性,学生有表达自己想法的机会。在备受关注的环境下,学生可以增强自信心,并且可以大胆地进行思考、大胆尝试,逆向思维也因此有了足够的发展空间。所以,在运用任务驱动教学模式进行教学时,我们不能制定某种标准去约束学生的思维,且要适当地引导学生尝试从相反的方向进行问题的思考。我们还要创设具有启发性的情境,让学生尝试一种方法不行时,学会寻找失败的原因,知道反过来思考问题,懂得换另一个方向去思考,寻找一条解决问题的新途径。

4.任务驱动教学模式对质疑思维的培养分析

质疑思维是指在原有事物基础上进行假设性提问,探究事物本质属性的一种思维方法。巴甫洛夫曾说过"质疑思维是创新的前提,是探索的动力"①。质疑思维具有一定的探索性,能带动学生进行知识的探索;还有一定的目标导向性,能引导学生围绕着设定的目标进行有价值的、高效地创新。任务驱动教学模式是一个探究式的教学活动,学生拥有学习的主动权。在探索过程中,学生可以进行自由的讨论,并且有勇气提出自己的疑问,在合作交流中使问题得以解决,学生的质疑思维得到充分的发展。

所以,在教学过程中,我们要以学生为主体,给学生提供轻松、民主的学习环境,让学生大胆说出自己的想法,经过思考后,也可以对别人的观点提出不同的看法。在不断质疑过程中,学生进行了独立的思考,从而培养了质疑思维。

①巴甫洛夫.从辩证唯物主义的观点看伊·彼·巴甫洛夫学说的基本意义[M].上海:上海人民出版社,1962.

第六章 现代教育与教学管理模式下教师的发展研究

第一节 现代教师专业发展途径

我国学者叶澜说过："没有教师生命质量的提升,就很难有高的教育质量;没有教师精神的解放,就很难有学生精神的解放;没有教师的主动发展,就很难有学生的主动发展;没有教师的教育创造,就很难有学生的创造精神。"①但对教师而言,其有效的、持续的发展不是完全在自主状态下进行的,而是通过积极有效的途径得以实施的。教师要成为学生发展的促进者、成为教育的研究者,需要通过有效的建设途径来实现。本节主要关注教师专业发展的途径,从教师专业发展活动推动主体的视角,将教师专业发展途径从国家政府组织实施到企业、教育团体、地方政府、学校组织实施,分为政府机构组织、非营利机构组织、教师组织、校际合作、校本培训、教师自主发展几条途径。

一、政府机构组织

政府机构组织的教师专业发展活动主要是指由国家相关教育部门组织的教师培训,并为教师提供其认为有助于教师能力发展的课程。一般而言,政府机构组织的教师专业发展活动通常以政策法规的形式对教师提出学历水平或各种证书取得等方面的要求,然后依托各级各类培训机构提供有助于教师知识更新和能力发展的课程。这是一种"自上而下"的教师专业发展活动,依托以"教师为中心"的教师专业发展模式,培训模式以一对多的、自上而下的方式展开,具体就是一组培训者培训一群人,逐级传递一些关键信息。这种"逐级"的培训模式,是"教师为中心"管理系统得以正常实施的一份保证。

①叶澜.教育概论[M].北京:人民教育出版社,2006:33-34.

二、教师组织

为维护教师这一群体的相关权益,西方在很早便成立了专门性的组织,称为教师组织。教师组织的性质是自发的、民间的、非政府团体,主体是教师,客体包括一些其他从事教育工作的人员。一般教师组织都制定有自己组织的入会标准和规范章程,教师组织服务的宗旨是,为本组织成员争取利益的最大化,提升本组织成员的专业知识和专业素养。

以下主要通过介绍全美教育协会、英国全国教师协会以及日本教职员组合来了解这些教师组织是如何开展教师专业发展活动的。

(一)全美教育协会

全美教育协会(NEA)于1857年成立,是美国第一个全国性的教师组织,在美国教师专业发展的历史进程中扮演了非常重要的领导角色。该协会的宗旨是推进美国公立教育事业,提高教师的专业地位,改善学校教学质量,促进教学专业发展,完善教师薪资福利,最终推进美国公立教育事业的发展。全美教育协会从建立伊始就展现出了鲜明的特征,如提升教学的专业性,维护教学专业的效益,促进美国公共教育事业的协会宗旨;全美教育协会内部专业机构的设置包括为其成员提供广泛的信息咨询服务的研究部门、一些与项目有关的常设机构、教学和专业发展委员会、为提升教学专业标准而设立的全国教师教育与专业标准委员会以及负责教师福利和教师权益等的服务机构。全美教育协会设立了由各州和地方协会代表组成的代表大会,它成为协会最高民主管理决策机构。协会的主要构成成员是各中小学教师,另外也包括高等院校教职员工、教育辅助专业人员、学校管理者、退休教职员工以及准备从事教学工作的大学生等。

全美教育协会推动教师专业发展的策略主要有以下几点。

争取教师经济条件改善,提高教师社会地位。协会成立了专门负责的机构,并开展了相关研究。

参与政府政治进程,影响教育决策。协会通过支持政党候选人,寻求合适的利益代言人,并充分利用自身各种资源的优势,为影响政府的教育决策提供信息支持,同时动员基层成员利用媒体的力量,积极回应教育决策。

制定专业伦理规范,凸显教师专业精神。协会成立了专业伦理委员会,该委员会通过调查研究,列出了关于理想教师的标准准则,并颁布了《教育专业伦理规范》。[①]

规范教学专业标准,提升教学专业服务质量。协会建立了全国教师教育和专业标准委员会,创建了全国教师教育认证委员会,同时支持全国专业教学标准委员会的工作,努力打造优秀教师群体。

推进教师教育改革,加强教师的学术性与专业性。

展开各项教师专业发展活动,提升教师整体专业发展质量。协会积极敦促建立教师中心,加强教师培训和专业发展;注重树立未来教师职业理想,为教师专业培养后备人才;引领新教师入职,降低新教师流失率;开展丰富多彩的在职教师培训计划,提高在职教师培训质量;促进高等院校与地方中小学伙伴关系的形成。

从事教育科学研究,提供信息服务。协会通过发表研究报告,提供决策以进行参考。另外,协会也出版刊物,建立网站,以促进信息交流。

(二)英国全国教师协会

全国教师协会(NUT)成立于1870年,是英国最早也是人数最多的教师组织,总部在伦敦,其前身是小学教师协会,协会的行政人员包括教师、各级教育行政人员等。全国教师协会的成员以小学教师为主,文法中学和大专教师的出席率很低。除了专门用于办公的总部之外,在世界的其他区域还设有区分部。

目前,全国教师协会是英国也是欧洲历史最悠久、规模最大的教师组织,总人数达到18万多人,协会成员包括中小学教师、教育相关管理部门工作人员、退休教师以及学生会员。

全国教师协会的目标是着眼于发展义务教育和均等教育,协会主张男女性别、种族和宗教的平等,要求得到相同的待遇,协会的宗旨是保障教师的基本权益,强调师资培养过程专业化水平的提升以及专业自主等,协会出版的期刊有《教师周刊》和《中等教育》。

三、教师自主发展

除了上述所讨论的政府机构组织、非营利机构组织、教师组织、校际合

---

①朱宛霞.全美教育协会推动教师专业化的策略研究[D].武汉:华中师范大学,2007:11-12.

作、校本培训等教师专业发展途径之外,教师自主发展也是教师专业发展的一条重要途径,这是凸显教师能动性、主动性的一条途径,这种发展的愿望与需求不是对外在压力的迎合,而是基于自身的发展和需求提出的。教师自主发展一般通过教师行动研究、教师教学反思、建立成长档案袋等活动来完成。

（一）教师行动研究

行动研究是深受一线教师、行政管理人员、教育研究者青睐的一种切实可行的、可操作的研究过程,是教师实现自主发展的一条重要途径。以一线教师作为行动研究的主体,以一线教师在实践中出现的问题为行动研究的对象,在实践行动过程中,教师发现问题、解决问题、研究问题、设计问题,通过系列的对"问题"的研究,利于教师的专业成长。行动研究以教师的教学实践为中心,简单、具体且易操作,并且能够及时解决教师教学过程中遇到的问题。

行动研究是一种研以致用的研究方法,可以产生与教师教学实践活动有关的、具体的、直接的结果。这种研究结果关注教学过程中具体的、明确的问题的解决,具有可操作性。行动研究一般需要经过三轮循环来完成,其基本的过程和步骤如下:

1.计划。计划是行动的第一步,关于行动的思路计划要明确,一些基本的问题,例如明确问题(是什么)、分析问题(为什么)、制订计划(怎么办)等。

2.行动。计划明确之后,就要把具体的解决问题的思路和方法落实到行动中,这也是行动研究中的核心一步。

3.观察。在研究过程中,需要对行动的情况进行观察和记录,为行动研究过程与结果提供比较全面、透彻的依据。

4.反思。正常的行动研究步骤是"计划—行动—观察—反思",因此,在计划—行动—观察完成之后,反思是对前一阶段的行动结果分析,也是对后一阶段的经验参考,反思的目的是要清楚在上一阶段的研究中出现了哪些问题,解决了哪些问题,从哪些问题中得到哪些经验教训,哪些问题对于下一步的进行有指导意义等等。

（二）教师教学反思

教师的教学反思是教师教学认知活动的重要组成部分之一,其方法有以下几种。1.课后备课。课后备课能够使教师根据教学反馈进一步修改和完善教学设计方案,有助于教师及时总结课堂教学过程中的优势和不足,有效增强教学效果。2.课堂观摩。课堂观摩主要是以相互听课的方式来进行,相互听课、磨课可以使教师之间相互取长补短,同时实现资源的共享。3.教学日志。教学日志是指教师对所教、所听课的感受的记录,如课堂教学的重难点是否解决?课堂教学是否关注了每一位学生的发展?教学日志是否有效地促进了教师的反思型研究?4.教育叙事。教育叙事要求教师能够叙述出自己怎样以合理的方式解决课堂教学中的问题的过程,它能够使教师反思自己的教育教学思路,促进其教育教学水平的提升。

(三)建立成长档案袋

教师成长档案袋是描述教师职业生涯中专业发展的有效工具,能够记录和保存教师成长中的过程性资料。其中包括:1.教师个人的基本信息。例如,教师个人简介、所学专业、教学年限、个人爱好等,关于教师工作和学习背景的具体描述。档案袋中关于教师个人基本信息详细记录了教师的基本情况,简单明了,根据档案袋可以进一步明确教师专业发展的状况。2.教师教学反思记录。教师的自我反思是教师与自我成长的对话,档案袋以个案研究、阶段总结、教学论文等形式完整保存在教师的成长档案中,完善教师的成长。3.教师工作内容。例如,教师设计方案、教学录像、研究课题、论文等。教师的工作内容不仅包括教师作为一个教学者所呈现出的内容,更多的还有其作为研究者、学习者、评价者等所呈现出的内容。[①]

一般情况下,教师成长档案袋以纸质档案袋、网络化平台和有实际意义的袋子等方式呈现。教师成长档案袋对于教师梳理自己的教育教学理念和教学风格起到帮助作用;有助于教师在专业化反思中成长和进步,对自己的经验进行系统化的梳理和整理,进行自我评估及发展方向的定位;更重要的是,教师成长档案袋能够有助于学校为教师的专业化发展提供帮助,如对教师进行有针对性的培训和指导、为教师提供系统学习资源等。

[①]邱九凤.教师成长档案袋:教师专业发展的有效工具[J].教育探索,2010(08):99-100.

第二节　现代教师信息技术应用能力与建设政策

一、面向信息化的教师专业发展

(一)面向信息化的教师专业发展内涵

1.教师信息化专业知识(TPC)的发展

在教育信息化的进程中,首先要解决的问题是提高教师自身的信息化水平,即教师信息素养和教师的信息化专业知识与能力(简称TPC)。教师信息化专业知识指教师所具备的信息化知识和运用信息化知识处理问题的能力,它不仅指信息化知识,更强调信息化处理能力的形成过程。

2.教师专业发展过程的信息化

教师专业发展过程信息化指在对教师进行信息化教育的过程中,必须用信息化的方式去发展需要提高信息化能力的教师,要求教师教育机构需要具备信息化的基础设施,采用信息化的教学、管理手段与方法,更新教师教育观念,改进教师教育信息化过程以及评价方式。

通过对面向信息化教师专业发展内涵的剖析,我们清晰地看到面向信息化的教师专业发展既包括教师信息化智能的发展,又包括教师专业发展过程的信息化。教师专业发展过程的信息化,在某种程度上来说最终也是为了实现面向信息化的教师专业知识的发展。

(二)面向信息化的教师专业发展要求

信息化教育是与传统教育相对而言的现代教育的一种表现形态,它以信息技术的支撑为其显著特征,也正是由于将技术引入教育教学中,知识、教师、学生、技术之间形成了一种新型的关系。教师不再是知识的传播者,而是通过帮助学生获得、解释、组织和转换大量的信息来促进学生学习的引导者:学生也不是现存知识的被动接受者,而是借助各种技术工具以协同作业、自主探索的方式进行知识建构、解决问题的学习者。

信息化教学是一种革新的教学方法。正是因为教学的目的、环境、通道、媒体、方式等多方面发生了根本性的转变,这就对教师在信息化环境下的教与学提出了新的要求,即对教师的信息化专业发展提出了新的要求。

教育改革是一个没有终点的旅程。在这个旅程中,不断地学习和发展——包括个人和组织结构的学习与发展,是其中的主旋律。同样,面对新的专业化发展要求,教师必须带着"探索和继续学习精神"以应对新的挑战。教师需要学习新的技能、新的行为、新的信念和新的认识。所有这些东西对于教师来说,都是其面向信息化专业发展所需要和要求的。

二、教师信息技术应用能力建设政策

目前,包括美国、韩国、新加坡、澳大利亚、英国、中国等在内的许多国家都出台相应的教师教育信息化政策,旨在通过信息技术有效促进教师的专业发展,进而有效实现教与学的变革。由于这些国家的文化、经济、政治等背景各不相同,在教师教育信息化政策方面的目标和实施途径也各有不同。为了系统地分析上述各个国家有关教师信息技术应用能力建设方面的政策,笔者采用内容分析法,从政策内容、政策特点、实施途径和政策评估四个维度开展对比研究,以期为我国相关教育信息化政策的制定提供一定的借鉴。

(一)政策内容

教师信息技术应用能力建设的政策内容,涵盖了各国在教师信息技术应用专业发展方面的主要建设领域,对于教师信息技术应用能力建设起到了非常重要的作用。不同的国家在教育信息化发展的不同阶段,关注的领域有所差异。美国 NETP1996 关注在职教师培养和职前教师培训;NETP2000 则关注在加强师范生培养的基础上,提升教师专业发展活动的质量,为教师提供教学支持,并建立起教师教育机构认证和课程评估标准;到了 NETP2004,改进教师培训,为每一位教师提供数字化培训成为政策内容的核心;在 NETP2010 中,为职前教师和在职教师提供良好的准备和使用技术的专业化学习体验,培养一支擅长利用网络开展教学的教师队伍,使用信息技术创建教师个人终身学习网络则成为 NETP 的重点内容。韩国的 Master Plan I 强调为教师提供培训课程,包括特殊课程和通用课程;Master Plan II 注重实施发展教师信息技术应用能力计划,利用网络教育和培训中心开展教师信息技术应用能力培训,并制定教师信息技术应用能力标准;Master Plan Ⅲ 则建立教师培训信息系统和教师培训信息服务系统,并成立各种远程培训中心,大力开展远程培训;

Smart Education开展以来,韩国注重培养专业教师、开发培训项目、激活学习社区、推广和应用数字教材,注重教师能力的再提升,为教师提供个性化培训。新加坡关注的内容同美国、韩国类似,从关注在职教师培训和职前教师培训,到建立整合的、持续的教师专业发展模式,并从对教师使用技术进行认证,再到培养教师信息化环境下的教学设计能力。澳大利亚、英国和中国所关注的政策内容各有倾向,但整体上同上述各国类似。[①]

通过对各国教师信息技术应用能力建设的政策内容进行梳理和对比,发现各国教师信息技术应用能力建设的政策内容主要包括职前教师培养、在职教师培训、信息化领导力培养和教师信息技术应用能力标准四个方面。

各国在教师信息技术应用能力建设的政策内容方面,共同关注三个领域的发展:职前教师的信息技术应用能力培养、在职教师的信息技术应用能力发展以及学校领导和管理人员的信息化领导能力发展。并且,各国在教育信息化发展的不同阶段,其关注的内容各有侧重,具体表现为从关注职前教师信息技术应用能力培养到关注职前教师培养和在职教师培训、认证、考评一体化,再到利用信息技术实现教师持续化、终身化的专业发展。

另外,各国注重通过制定相应的教师信息技术应用能力标准、建立相应的教师评聘和认证考核的制度体系,来共同促进教师信息技术应用能力的建设。例如,美国制定了两个不同版本的教师信息技术应用能力评价标准,用以评估教师的信息技术应用能力;我国在2004年和2014年先后发布了两个版本的教师信息技术能力标准;联合国教科文组织制定的教师信息技术应用能力标准框架对推动世界各国教师信息技术应用能力的建设起到了至关重要的作用;韩国和新加坡虽然没有制定相应的评价标准,但取而代之的是教师能力发展指导方针。

(二)政策特点

在政策制定中,不同的国家呈现出不同的特点。由于各个国家经济、文化、社会等的差异,教师信息技术应用能力建设的政策也呈现出不同的特点。例如,美国的政策主要是为了应对21世纪教育教学的挑战,使得教育可以适

---

①朱莎,张屹,杨浩,等.中、美、新基础教育信息化发展战略比较研究[J].开放教育研究,2014,20(02):34-45.

应社会科技、经济的发展,呈现出很强的应用驱动性。韩国的政策呈现持续性,注重建立完善的政策体系,并且根据实施的具体情况,及时调整政策。新加坡的政策则更多地受教育理念的影响,MP1是受"思考型学校、学习型国家"理念的推动,MP2是受"少教多学"理念的推动,MP3则是受"一切服务于让每个学生成才"理念的推动。澳大利亚主要是为了应对经济危机、在全球抢占先机,制定了数字教育革命政策。我国政策则呈现自上而下推动的形势,由宏观指导转变为项目推进,将教师信息技术应用能力纳入教师教育课程标准和专业标准中。

(三)实施途径

教师信息技术应用能力建设政策要最终反映教师信息技术应用能力的提升,实现信息技术支持的教育教学方式的变革。因此,需要通过一定的途径,让政策的效益得到良好的发挥。各个国家在政策实施的过程中,途径各有不同。例如,美国通过出台建议性政策,供各个州和学校根据自己的实际需求,建立适合的发展政策,同时发布面向教师的国家信息技术标准来对教师信息技术应用能力发展进行指引;韩国在 Master Plan I 中通过制定《信息通信基本法》和《信息化促进法》等法案提升政策的执行效力;新加坡通过制定一系列配套政策(如教师激励机制等),启动一系列教师能力建设项目来促进能力提升,并且在实施过程中注重学校自主权的发挥;澳大利亚通过制定《通过合作取得成功》和《数字教育革命实施路线图》,为数字教育革命提供指导;我国通过实施全国教师网络联盟计划、信息技术能力提升计划等,同时伴随出台一系列部委文件作为配套政策,对政策的实施起到积极的推动作用。

(四)政策评估

教师信息技术应用能力建设政策评估,对于测量政策实施的效果、总结政策制定的经验、发现问题并及时调整政策具有非常重要的作用。韩国政府非常重视对于教育信息化相关政策的评估工作,每年定期发布年度白皮书,对政策实施的成效进行评估,发现存在的问题并及时调整政策导向;澳大利亚在数字教育革命中委托相关公司对政策实施成效进行评估;新加坡政府也从MP3开始,由教育部对政策的实施效果进行评估。其他形式的评估可能存在,但从目前资料显示的情况来看,尚不明朗。

根据政策评估实施主体的不同,可以将其分为政府组织评估、第三方评估以及其他形式的评估。各国非常重视对教师信息技术应用能力建设政策的评估,在评估政策实施成效的基础上,及时发现教师信息技术应用能力建设中存在的问题,从而有效调整政策的制定和实施。而对于政策评估的形式,各个国家不尽相同。美国、韩国和英国由政府组织对相关政策的实施效果进行评估,而澳大利亚则委托第三方机构对数字教育革命进行评估,新加坡政府从2009年开始由政府组织实施对于政策的评估工作。

(五)教师信息技术应用能力建设政策的特点

通过对上述各个国家近二十年来的相关政策进行对比和分析,根据进一步研究得出,各国教师信息技术应用能力建设政策的特点主要表现在以下几方面:

1.注重连续性设计和分阶段稳步推进

阶段性、稳定性和连续性是各国在教师信息技术应用能力建设政策方面表现出的明显特征,这对持续推进教师信息技术应用能力水平的提升有着很大的推动作用。根据我国教师信息技术应用能力建设的现状,未来教师信息技术应用能力建设政策应该实现"四个坚持":坚持按照国家教育信息化规划的总体部署,稳中求进;坚持以提高教师信息技术应用能力和实现信息技术支持的教育教学转变为核心,继续积极实施教师信息技术应用能力建设政策;坚持宏观政策的连续性和稳定性,提高政策的针对性和协调性;坚持根据教育信息化不同发展阶段的实际状况,适时、适度进行调整,分阶段、有侧重地稳步推进。

2.目标呈现从技术素养到知识深化再到知识创造的演变规律

目标明确性是政策目标的首要特性,需要将教师信息技术应用能力建设的目标指标尽可能量化,避免全部定性化;对于政策目标的实现时间、步骤要有明确的规定,避免笼统不清;政策目标的制定应该建立在对实际情况深入调研的基础上,如果不切实际、好高骛远,将失去政策目标的实际意义。各国教师信息技术应用能力建设目标的发展规律符合考兹玛提出的知识阶梯理论。随着教育信息化发展的不断深入,教师信息技术应用能力建设目标经历了从基础的计算机教育到教师信息技术应用技能,再到信息技术支持的教与学的转变,最后到信息技术支持的知识创新。未来,我国的政策目标定位应该从知识深化向知识创新转变,实现信息技术与课程的深度融合。同时,由于我国东西部地区教育信息化发展的地域性差异,制定政策目标需要考虑学校或区域的实际情况,进行适当调整。

3.注重颁布相关配套政策

为了保证教师信息技术应用能力建设政策的推行效力落到实处,各个国家较为重视通过颁布配套政策来为政策的实施提供保障。主要表现形式有四种:第一,通过立法的形式加强政策执行的力度,对于由于主观因素阻碍政策执行的责任人,必要时可采取措施;第二,通过组织专家调研,制定政策执行的细则,指导政策的落实;第三,建立相应的激励机制,引导和鼓励政策的相关责任主体(如教师、学校、区教育部门、企业)主动参与到教师信息技术应用能力建设事业当中;第四,通过配套政策的制定和推行,形成立体化的政策体系,调动多方力量,为教师信息技术应用能力建设营造良好的政策环境。

4.注重对实施成效进行评估

教师信息技术应用能力建设评估是以培训评估、项目评估和绩效评估为导向,进行综合评估的实践活动。目前我国第三方评估机构还不完善,在政府推进的相关教师培训项目评估中,还没有完整的评估报告,这样不利于教师培训的实施。因此要全力支持院校自我改善并为政府审查提供基础,需要重视我国第三方评估机构的建设。

第三节 现代教师专业发展技术支持

信息技术的迅速发展为教师专业发展活动的开展提供了有效的途径。一方面,信息技术对教师知识的更新起着积极的作用,利用信息技术能够为教师带来丰富的知识,且这些知识更新速度快,能够使教师紧紧跟上时代的步伐;同时,信息技术作为学习工具和手段也为教师的自主发展带来了极大的便利。另一方面,信息技术能够促进多种形式的教师培训,如微格式、远程授课式、网络探究式、课例观摩式等,多种培训形式增加了教师参加培训的机会,提升了教师进行培训的效率。教师专业发展技术支持主要是将技术分成了两大维度,一是互动型,如网络学习社区、专业学习论坛、博客群、QQ群、微信群等支持的教师专业发展活动;二是非互动型,如微课微信视频、MOOC等开放教育资源、专题学习网站等支持的教师专业发展活动。

一、基于学科教研的网络学习社区

网络社区学习是以网络这一跨时空、开放、自由的特殊学习环境为基石,由来自多方面的学习者及其助学者(包括教师、专家、辅导者等)共同构成的一个相互交流、共同协作的学习团体。

社区学习以网络和通信工具为沟通载体,解决在学习过程中遇到的问题、交流彼此学习心得、共同完成一定的学习任务,在彼此的沟通交流中相互影响、相互进步,并形成良好的人际关系。[①]

(一)韩国教育咖啡屋

韩国教育信息化的主要网站为教育网。教育网的社区是以各学科和各年级的不同进行划分,与其他类别的社交网站相同,教育网设有网站聊天室,并且网站准许用户修改和发布帖子,允许家长和学生进入网站。

(二)美国德雷赛尔大学数学论坛

德雷赛尔大学数学论坛隶属于德雷赛尔大学旗下,由该大学的教育部门管理,是领先的网络数学教育中心。数学论坛的主要功能是提供资源、资料、活动、一对一互动和教育项目与服务,以丰富不断发展的技术世界的教学和学习。

德雷塞尔大学数学论坛是一个由数学教师连接起来的在线平台,其在线社区成员除教师外,还包括学生、研究人员、家长、教育工作者、在数学和数学教育方面有兴趣的人士等。该网站保持着上百万的月点击量,致力于创建数学兴趣方面的对话和讨论计划。这一平台还被一些教师教育项目巧妙地用来培养职前数学教师,帮助他们获得数学教学经验。数学论坛含有大量的数学资源,如数字文库能够有效支持数学软件的使用和开发;网络书序文库覆盖了数学和数学教育方面的深层知识;问题库提供了一个方便的界面,用于搜索和浏览集体存档的问题解答等。数学论坛也为教师和其他人员提供了

---

①张新明.网络学习社区的概念演变及构建[J].比较教育研究,2003(05):55-60.

高品质的数学和数学教育相关内容。

二、基于论坛的教师协作知识建构

所谓协作知识建构是由个人和共同体内其他成员通过相互作用、相互帮助完成对知识的建构过程。协作建构是以协作为前提,不存在个人所处的社会文化情境。

而教师协作知识建构是指以学习为前提,教师与其所在的学习共同体内其他成员,通过相互协作、沟通、交流将知识进行群体建构,实现群体专业发展的目的。

(一)探究性学习论坛

探究性学习论坛的发源地是美国印第安纳大学,论坛的大部分成员都是美国职前和在职教师。探究性学习论坛创立的目的是要利用建立探究性教学的网络社区,消除教师专业发展过程中的三大矛盾,即:正式学习与非正式学习的矛盾、传统课程与新课程的矛盾、个体反思与集体反思的矛盾。

探究性学习论坛具备了普通论坛的基本功能,论坛的核心是探究性教学的视频案例及基于视频建立的“听课”环境。此外,论坛对“寻求理论与实践平衡”的教师教育难题,进行了多次的尝试,而且有很大的进展和不错的突破。

(二)Tapped In

Tapped In是由美国斯坦福国际咨询研究所开发和运营的网络支持平台,建立于1997年。该平台是以多用户地下城为理念所设计的一个虚拟学习社区,主要是为教师的专业成长提供在线活动环境。Tapped In平台可以为教师提供课堂教学之外的教师学习资源、在线帮助工具等,并且为参与培训的教师提供了大量专业成长伙伴和丰富的专业支持。Tapped In是一个提供终身专业发展学习服务的平台,平台中的组织管理者来自世界各地,活动的内容丰富多样。在Tapped In平台中,参加培训的教师和培训的组织者组成了教师专业发展的共同体。

第四节　现代教师专业发展评价

教师专业发展评价的标准是以教师专业发展具备科学化、规范化为准则。教师专业发展评价是为确保教师专业发展活动实现预期的目的而开展的，是通过提供专业的、准确的、完整的信息，对教师的教育活动进行价值判断的过程。信息技术环境下的教师专业发展注重教师的信息技术应用能力，将教师信息技术应用能力的培养与提升作为衡量教师专业发展的核心指标。本节主要从评价标准、评价方法等维度对比分析各国际组织或国家的教师专业发展评价，以期为我国的教师专业发展评价提供借鉴经验。

一、评价标准

(一)标准及背景比较

为了迎合信息和知识时代的社会发展目标和教育目标，联合国教科文组织于2011年发布了促进教师提升信息技术应用能力的《教师信息与通信技术能力框架》，对教师运用信息技术进行有效教学所应具备的能力进行了详细描述。[1]

美国国际教育技术协会2000年推出了《面向教师的国家教育技术标准》(NETS·T)。信息技术的发展对广大教师提出了新要求，ISTE于2007年启动了NETS·T的修订计划，于2008年推出了修订版的《面向教师的国家教育技术标准》(NETS·T—2008)。在2010年左右，英国教育部对现有的教育机构进行合并和重组，以优化资源配置。从此，教育部直接对教师进行管理，更好地确保教师质量的提升。2012年初，颁布了"教师标准"和"杰出教师标准"，将以前的五级标准综合后简化为两级，并于2012年9月起开始实施。

进入20世纪80年代以后，澳大利亚加强了对教师专业发展的研究。从20世纪90年代开始，教师专业发展这一项目在澳大利亚实施，为此联邦政府正式出台了多项政策确保教师专业发展的顺利进行，主要是针对在职教师的

---

[1]马宁,崔京菁,余胜泉.UNESCO《教师信息与通信技术能力框架》(2011版)解读及启示[J].中国电化教育,2013(07):57-64.

能力提升,注重教师通过对学生的评价来对教学计划进行自我评价、自我反思,以改进教学。另外,澳大利亚自20世纪80年代之后,注重国家教师专业标准的统一性,于2009年开始致力于推动全国一致的教师专业标准。2010年,澳大利亚教学标准与领导协会(AITSL)成立,主要负责制定澳大利亚统一的教师教育改革政策标准,涉及专业标准、专业学习等。2011年,澳大利亚正式颁布了新的《全国教师专业标准》。

(二)维度及内容比较

联合国教科文组织发布了《教师信息与通信技术能力框架》,主要设计了指向不同教学方法的有关教师发展的三个连续阶段:技术素养、知识深化和知识创造。该框架提出教师应该从理解教育中的信息与通信技术、课程与评估、教学法、信息与通信技术、组织与管理、教师专业学习六个维度来开展工作,对教师的评价也是从这六个维度展开的。

美国NETS·T—2008主要从"促进学生学习、激发学生创造力""设计、开发数字化时代的学习经验和评估工具""树立熟悉跨时代学习与工作的典范""提升数字化时代的公民意识与素养,为学生树立典范"和"参与专业发展、提升领导力"五个维度对教师提出要求。NETS·T-2008强调教师对于学生的榜样示范作用是促进学生学习和发展的重要因素,说明教师教育技术能力新要求的根本目的是促进学生标准中有关学生教育技术能力目标的顺利实现,教师自身素养的提高至关重要,一方面有利于自身的学习与工作,一方面影响着学生的身心健康以及学习的积极性。强调领导力也是教师这类数字化公民的一项基本能力等。

英国的《教师标准》是对所有教师的最基本要求,《杰出教师标准》则是对达到基本要求并想要追求更高水平的教师提出的更高一级的要求。《教师标准》从教学目标、教学成果、学科知识、课程设计、教学的个别化和全纳性、教学评价、班级管理、其他职责等八个维度进行描述。另外,《教师标准》还分别从"公众""学校"和"法律"三个角度,概括地描述了教师的个人和专业操守。分析《教师标准》的内容可以看出,该标准主要关注以下几点:第一,在教学结果上看重学生成绩的提高;第二,教师在学科知识方面,重视学生的兴趣和学术观念;第三,加强教师在班级管理中的权利;第四,在符合相关法律法规定的前提下,精简内容。

澳大利亚《全国教师专业标准》将教师职业生涯发展划分为四个阶段:毕业教师、熟练教师、高熟练教师、主导教师,并包括三个层面七个标准。三个层面指专业知识、专业实践和专业发展。由此可以看出,教师专业发展评价的标准具有层级性,先评估教师具备的专业知识,再评估教师如何将专业知识应用于实践,最后评估教师在课堂之外与家长或社区的关系,即专业发展。这表明澳大利亚教师专业标准强调教师除具备专业知识之外,还需要掌握专业实践与专业发展,并且注重教师在实践反思与团体中不断发展。

二、评价方法

教师专业发展评价是教师专业发展活动的一个重要组成部分,是对教师专业发展的衡量,采取合理有效的评价方式能够促进教师专业化的不断成长。下面将从基于标准的评价、基于学生学习成果的评价和绩效评价三个方面对国际上有关教师专业发展评价的方法进行分析。

(一)基于标准的评价

每个国家或组织都是根据本国教师专业发展的需要制定一系列符合本国特色的教师专业发展评价标准,有些国家或组织是在全国范围内采用国家或组织统一标准对教师实施评价,而有些国家或组织则是将国家或组织制定的标准作为参考,而结合本地发展需要制定地区或州教师评价标准,并采取不同的方法进行评价。比如,致力于服务发展中国家教师发展的、由联合国教科文组织颁布的《教师信息与通信技术能力框架》主要目的在于为各发展中国家制定教师标准提供参考。各国通过参考《教师信息与通信技术能力框架》,结合本国实际情况制定符合本国的教师能力发展标准,并且依据各国自己的方式对标准进行评价。同样,美国大多数州将国家制定的标准作为参考,结合州发展现状重新制定教师评价的标准。每个州开展教师专业发展评价依据州特色标准,采取不同的方法进行,有影响的如教师发展计划(TAP)和增值评价模式(TVAAS)。

(二)基于学生学习成果的评价

教师专业发展评价不仅仅是对教师自身进行测试和评估,同时通过联系学生取得的学习成果进行教师能力评估。换言之,将学生取得的成就作为评价教师的要素之一。比如,美国对教师专业发展的评价主要体现在两个基本的发展方向:对教师自身进行测试和评估;联系学生取得的学习成果进行教师能力评估。澳大利亚的教师专业发展评价通过将教师自身的发展以及学生取得的学习成果相结合的方式进行评价。

(三)绩效评价

绩效评价是教师专业发展评价的一种有效方式,将评估等级与教师自身的发展挂钩,在一定程度上对教师专业发展起到促进作用。

美国的教师发展计划是在丹尼尔森评价框架的基础上的发展和延伸,主要内容是以强化教学评价、加强教学辅导、提供教师多元职业发展和以绩效补偿薪酬机制为特色而建立起来的一套综合评价体系。

增值评价模式,是指采用统计学的方法,通过统计公式,计算在一个学年期间,学生在标准测试中成绩的提高在多大程度上归功于教师的教学,来决定教师对学生成绩"增值"的影响力。

新加坡的绩效评价由三个因素决定,一是教师的聘任、晋升、薪金的等级;一是教师根据自己的表现填写;一是部门主管根据教师平时的表现,综合三个因素,决定教师的绩效水平。教师在评定中如果等级太低存在被解雇的风险。教师专业发展评价直接关系到教师的切身利益,在一定程度上对教师专业发展具有推动作用。

教师专业发展评价在关注教师取得的教学成果的同时,还应关注教师的个人目标定位,使教师能够选择适合自己的发展轨迹发展自我。比如,新加坡的教师专业发展评价主要采用"目标管理+绩效评价"的方式,目标管理是指教师通过填写个人发展相关的评价表格,确定个人的教师专业发展轨道,从而向着自己感兴趣且有潜力的方向发展。新加坡将教师的发展轨道定位在教学、教育领导和高级专家三个方向。

此外,美国的教师专业发展评价方式具有多元性、综合性、不确定性等特征,主要的评价方式包括课堂观察、同事评估、教师档案袋、客观性测试以及统计增值法等。

澳大利亚在教师专业发展评价方面,采用书面评价、档案袋评价、课堂观察等结合学生学习成果的多元评价模式,旨在多角度、全方位地评价教师专业发展的水平。新加坡的教师专业发展评价由教育部统一组织,每位教师的教师专业发展评估结果都需要签名才能生效,教师专业发展评价的结果要上交教育部。

参考文献

[1]J. S. 布鲁纳. 外国教育名著丛书·布鲁纳教育论著选[M]. 北京:人民教育出版社,2018.

[2]安江英,田慧云. 我国高校创新型人才培养模式的探索和实践[J]. 中国电力教育,2006(01):29-32.

[3]巴甫洛夫. 从辩证唯物主义的观点看伊·彼·巴甫洛夫学说的基本意义[M]. 上海:上海人民出版社,1962.

[4]崔赞. 任务驱动教学模式在初中化学实验教学中的应用研究[D]. 南京:南京师范大学,2011:12-13.

[5]邓成超. 大学生创新素质的量质化评价[J]. 重庆工学院学报,2004(06):164—168.

[6]杜娟. 高职院校学分制教学模式下教学管理现状及对策[J]. 山东商业职业技术学院学报,2021,21(02):36-40.

[7]杜霞,张瓦. 高等教育法概论[M]. 北京:中国社会出版社,2018.

[8]高原,花书贵. 教学评估背景下的二级学院本科教学管理模式研究[J]. 智库时代,2018(41):175-176.

[9]龚放,徐高明. 现代大学治理的理性思考与实践探索——龚放教授专访[J]. 苏州大学学报(教育科学版),2017,5(03):81-90.

[10]顾丽英,沈理明. 基于导学案的"任务驱动"化学教学实践[J]. 科教文汇(下旬刊),2012(09).

[11]韩亚珍. 任务驱动教学法在高中化学课堂教学中应用效果的研究

[D]．大连：辽宁师范大学，2011：12-13．

[12]黄春林．基于创新人才培养的高校教学管理体制创新研究[D]．长沙：湖南大学，2005：26-27．

[13]吉尔福特[M]．创造性才能•它们的性质、用途与培养．北京：人民教育出版社，1991．

[14]李代勤．任务驱动教学模式的探讨[D]．长沙：湖南农业大学，2009：21-22．

[15]李熙．互联网+时代高校学生管理模式的转变及创新[M]．长春：东北师范大学出版社，2017．

[16]列•谢•维果茨基．维果茨基全集•第1卷[M]．合肥：安徽教育出版社，2016．

[17]刘振海．终身教育视域下我国高等教育管理体制研究[M]．沈阳：辽宁教育出版社，2018．

[18]卢言红，钱宇光，金天明．对高校学分制教学管理体制改革的研究[J]．天津农学院学报，2021，28(03)：110-112．

[19]马丁•瓦根舍因．小小物理学家•孩子眼中的物理学[M]．北京：中国纺织出版社，2022．

[20]马宁，崔京菁，余胜泉．UNESCO《教师信息与通信技术能力框架》(2011版)解读及启示[J]．中国电化教育，2013(07)：57-64．

[21]邱九凤．教师成长档案袋：教师专业发展的有效工具[J]．教育探索，2010(08)：99-100．

[22]瓦•亚•苏霍姆林斯基．家长教育学[M]．北京：中国妇女出版社，2021．

[23]王家祺，曹颖颐．大学生创新能力综合评价研究[J]．武汉理工大学学报(信息与管理工程版)，2007(08)：133-137．

[24]王竹立．新建构主义：网络时代的学习理论[J]．远程教育杂志，2011，29(02)：11-18．

[25]吴红．发明的含义及其流变[J]．科学技术哲学研究，2018，35(05)：77-82．

[26]西格蒙德·弗洛伊德.梦的解析[M].北京:中国友谊出版公司,2021.

[27]胥群.浅论培养大学生创新能力的方法和途径[J].黑龙江高教研究,2004(04):146-147.

[28]许欢.国内高校在线课程建设理念演化研究[D].西南大学,2019:45-46.

[29]阎立钦.中国教育学会语文教学法研究会组织编写[M].语文教育学引论.北京:高等教育出版社,1996.

[30]叶澜.教育概论[M].北京:人民教育出版社,2006.

[31]约瑟夫·熊彼特.经济发展理论[M].中国人民大学出版社,2019.

[32]岳辉吉.微格教学与物理师范生基本教学技能培养的研究[D].陕西师范大学,2007:11-12.

[33]张宝臣.高等师范教育改革与中小学生创新能力的培养[J].教育理论与实践,2004(04):40-42.

[34]张成福.行政组织学[M].北京:中央广播电视大学出版社,2008.

[35]张岗.提高高校教育教学管理信息化水平的思路探索[J].中小企业管理与科技(上旬刊),2019(09):102-103.

[36]张新明.网络学习社区的概念演变及构建[J].比较教育研究,2003(05):55-60.

[37]赵钏,贺荣戈.慕课时代高校教师面临的角色挑战与应对策略[J].河北工业大学学报(社会科学版),2020,12(02):61-66.

[38]浙江大学高教研究所课题组.市场经济国家政府与大学关系的比较研究[J].河北师范大学学报(教育科学版),2000(04):1-11.

[39]郑革.任务驱动教学法在化学实验课教学中的应用[J].辽宁高职学报,2005(06):118-119.

[40]中华人民共和国高等教育法[N].人民日报,2016(03):016.

[41]周远清,瞿振元,陈浩,等.中国特色高等教育思想体系举要[J].中国高教研究,2017(04):1-25.

[42]朱莎,张屹,杨浩,等.中、美、新基础教育信息化发展战略比较研究

[J]. 开放教育研究,2014,20(02):34-45.

[43] 朱宛霞. 全美教育协会推动教师专业化的策略研究[D]. 武汉:华中师范大学,2007:23-24.